Impressum

Herausgeber

Institut für berufsorientierte
Religionspädagogik
Liebermeisterstraße 12
72076 Tübingen

Telefon: 0 70 71 - 29 - 7 40 49
Telefax: 0 70 71 - 29 - 51 81
info@ibor-tuebingen.de
www.ibor-tuebingen.de

Joachim Schmidt

Deutscher Katecheten-Verein e.V.
Preysingstraße 97
81667 München

Telefon: 0 89 - 4 80 92 - 12 42
Telefax: 0 89 - 4 80 92 - 12 37
info@katecheten-verein.de
www.katecheten-verein.de

Maria Holzapfel-Knoll

Gestaltung und Satz
Andrea Braunberger
www.twob-gestaltung.de

Herstellung und Verlag
Books on Demand GmbH,
Norderstedt
Printed in Germany

ISBN 978-3-8334-7805-5

Die Deutsche Bibliothek –
CIP-Einheitsaufnahme

„Kompetente Schüler – kompetente Lehrer" Kompetenzen und Bildungsstandards im Religionsunterricht

Berufsschulsymposion 2006 des Deutschen Katecheten-Vereins
im evangelischen Augustinerkloster zu Erfurt

Reihe: gott-leben-beruf
Schriften des Institutes für berufsorientierte Religionspädagogik Bd. 7
Herausgegeben von Joachim Schmidt und Maria Holzapfel-Knoll

Maria Holzapfel-Knoll
Vorwort

Zum 12. Mal veranstaltete der Deutsche Katecheten-Verein vom 9. – 11. März 2006 im Augustinerkloster von Erfurt das Berufsschulsymposion. 85 TeilnehmerInnen folgten der Einladung zur Tagung, die alle zwei Jahre in Kooperation mit dem Institut für Berufsorientierte Religionspädagogik in Tübingen, den Religionspädgogischen Instituten in Österreich, dem Verband Katholischer Religionslehrer an Berufsbildenden Schulen (VKR) und dem Verband der Lehrer an Beruflichen Schulen in Bayern (VLB) im deutschsprachigen Raum durchgeführt wird.

Mit dem Thema „Kompetente Schüler – kompetente Lehrer. Kompetenzen und Bildungsstandards im Religionsunterricht" griffen die Veranstalter die aktuelle bildungspolitische Diskussion auf. Aus verschiedenen Perspektiven legten die ReferentInnen die Bedeutung und Konsequenzen der Entwicklung von Bildungsstandards und Kompetenzen dar und diskutierten sie kontrovers und im Dialog mit den TeilnehmerInnen der Tagung. In Arbeitskreisen wurden die Auswirkungen für den Religionsunterricht verdeutlicht und Modelle und Projekte gelungener Praxis vorgestellt.

Alle Referate – mit Ausnahme der Ausführungen von Prof. Dr. Angela Paul-Kohlhoff – und Ergebnisse der Arbeitskreise sind im Folgenden dokumentiert.

Ein Abend der Begegnung mit Dr. Martin Fahnroth, Schulabteilungsleiter, Bischöfliches Generalvikariat Erfurt und Dr. Klaus Ziller, Kirchenrat im Dezernat Bildung der Evangelischen Kirchen Mitteldeutschlands, führte die Situation des katholischen und evangelischen Religionsunterrichts in Thüringen vor Augen und diente dem Austausch und sich Kennenlernen der TeilnehmerInnen.

Mit Bischof Dr. Joachim Wanke feierten die TagungsteilnehmerInnen im Erfurter Dom einen Gottesdienst. Anschließend lud Bischof Wanke zu einem Empfang ein.

Nicht wenige TeilnehmerInnen nutzten vor Beginn der Tagung das Angebot einer Stadtführung durch Erfurt mit der Tagungsteilnehmerin Jutta Elster.

Zum Gelingen der Tagung trugen nicht wenige bei: Die Mitglieder der Vorbereitungsgruppe, die sich mehrmals trafen und bei der Tagung die Moderationsaufgaben übernahmen. Die Kooperationspartner und Mitveranstalter, die zur

Finanzierung der Tagung beitrugen. Alle ReferentInnen und Arbeitskreisleiter-Innen, die Mitwirkenden bei den Morgenandachten und beim Gottesdienst, Marlies Schulte im Tagungsbüro des DKV und nicht zuletzt die Tagungs-TeilnehmerInnen – ihnen allen gilt mein Dank! Besonders danken möchte ich Dr. Joachim Schmidt und seinen MitarbeiterInnen im Institut für Berufsorientierte Religionspädagogik. Sie haben die arbeitsreiche Erstellung dieser Dokumentation übernommen.

Ihnen, liebe Leserinnen und Leser, wünsche ich im Namen der Veranstalter des Berufsschulsymposions viele Anregungen und Impulse durch das Lesen der Dokumentation und ausdauernde Kraft und Freude in Ihrer Tätigkeit für den Religionsunterricht an berufsbildenden Schulen!

Maria Holzapfel-Knoll
Referentin für Religionspädagogik
Deutscher Katecheten-Verein

München, Januar 2007

Programm der Tagung

Donnerstag, 09.03.2006

17.00 Uhr	Begrüßung: Ordinariatsrat Josef Koch
	Eröffnung: Marion Schöber, DKV-Vorsitzende
17.30 Uhr	Wissenswahn und Herzensbildung.
	Kompetenzen und ihre Wertekerne
	Prof. Dr. John Erpenbeck, Universität Berlin
19.00 Uhr	Buffet
20.00 Uhr	Abend der Begegnung
	Gäste: Dr. Martin Fahnroth, Schulabteilung Erfurt;
	Kirchenrat Dr. Klaus Ziller

Freitag, 10.03.2006

08.00 Uhr	Frühstück
08.45 Uhr	Geistlicher Impuls
09.00 Uhr	Kontroversreferate zum Tagungsthema
	Wer Wissen sät, wird Kompetenz ernten:
	Bildungsstandards – Wissen – Kompetenzerwerb
	Dr. Michaela Brohm, Universität Münster
	Qualitätsstandards in der beruflichen Bildung
	Prof. Dr. Angela Paul-Kohlhoff, TU Darmstadt
	Reli in PISA? Kompetenzen und Bildungsstandards
	im Religionsunterricht
	Dr. Matthias Möhring-Hesse, Universität Münster
10.45 - 11.15 Uhr	Kaffeepause
11.15	Podiumsdiskussion mit den ReferentInnen
12.30 Uhr	Mittagessen
14.30 Uhr	Kaffee

15.00 - 17.30 Uhr   **Arbeitskreise**

AK 1:   **Portfolioarbeit mit Kompetenzentwicklung** – Dr. Ilse Brunner,
            Bildungssoziologin, Schulentwicklungsberaterin
AK 2:   **Auf schmalem Grat – Religionsunterricht an der selbständig
            werdenden Berufsbildenden Schule** – Dr. Christian Schulte,
            Schulabteilung, Bistum Osnabrück/Ulrich Kawalle, Schulabteilung,
            Bistum Hildesheim
AK 3:   **Der Beitrag der Kirche zur religiösen und sozialen Kompetenz der
            SchülerInnen (Projekt Lehrlingsnachmittage)** – Mag. Phillip Tengg,
            RPI Innsbruck
AK 4:   **Das Kreuz mit dem Kreuz – Religion und Sport als fächerübergreifende
            Unterrichtseinheit** – Dr. Michael Persie, Leiter der Fachgruppe Religion
            im VLB/Thomas Oschmann (OStR), Leiter der Fachgruppe Sport im
            VLB/Paul Oschmann, Lehrer für Religion und Sport
AK 5:   **In der Zeit leben – Eine Werkstatt zum Religionsunterricht** – Jutta Elster,
            Fachberaterin für ev. RU an berufsbildenden Schulen/Cornelia Wenske,
            Fachberaterin für kath. RU an berufsbildenden Schulen
AK 6:   **Kompetenzentwicklung von Lehrerinnen und Lehrern an beruflichen
            Schulen – Entwicklungen und Modelle** – Dr. Joachim Schmidt, Institut
            für berufsorientierte Religionspädagogik, Tübingen
AK 7:   **Prävention von Ausbildungsabbrüchen – Anfragen an die
            Religionspädagogik** – Prof. Dr. Bernd-Joachim Ertelt, Fachhochschule
            der Bundesagentur für Arbeit, Mannheim/Dr. Harald Lang, StDir. a.D.

18.00 Uhr   Gottesdienst mit Bischof Dr. Joachim Wanke im Dom
                          anschließend Empfang im Martins-Haus

Samstag, 11.03.2006
08.00 Uhr   Frühstück
08.45 Uhr   Geistlicher Impuls
09.00 Uhr   Wieviel religiöse Kompetenz brauchen
                          BerufsschülerInnen? Einige christliche
                          Perspektiven zu einer heiklen Angelegenheit
                          Prof. Dr. Rainer Bucher, Universität Graz
11.30 Uhr   Abschluss der Tagung
12.00 Uhr   Mittagessen

Inhalt

1.0

[1] Die Vortragsform wurde weitgehend beibehalten. Vgl. zu den gesellschafts-theoretischen und theo-logischen Überlegungen auch Möhring-Hesse 2000, S. 60-65.

Matthias Möhring-Hesse
Reli in Pisa? Eine Verteidigung der Fremdheit des Religionsunterrichts[1]

Als Jesus zwölf Jahre alt geworden war, zogen seine Eltern mit ihm zum Passah-fest nach Jerusalem. Dort verloren sie ihn aus den Augen – und mussten ihn nach den Festtagen suchen. „Nach drei Tagen fanden sie ihn im Tempel; er saß mitten unter den Lehrern, hörte ihnen zu und stellte Fragen. Alle, die ihn hörten, waren erstaunt über sein Verständnis und über seine Antworten" (Lk, 2,41-49). Als die Eltern ihn gefunden hatten, machten sie ihm Vorhaltungen. Er aber antwortete ihnen: „Warum habt ihr mich gesucht? Wusstet ihr nicht, dass ich in dem sein muss, was meinem Vater gehört" (ebd.)?

1. Schulische Bildung in PISA

Bevor wir uns nach Jerusalem in den Tempel begeben, sollten wir zunächst ein-mal nach PISA schauen, nicht nach Pisa mit dem schiefen Turm, sondern nach PISA mit der Bildung in Schieflage. Dort liegen die Leistungen der Schülerinnen und Schüler im Bereich Lesen, mathematische sowie naturwissenschaftliche Grundbildung unterhalb des internationalen Durchschnitts. Was das Leistungs-vermögen derjenigen angeht, die in PISAs Schulen gehen, ist also die schulische Bildung in der Schieflage – gegenüber den gesellschaftlichen Ansprüchen und gegenüber einer lang gepflegten Selbsteinschätzung. Zudem ist im internatio-nalen Vergleich die Leistungsstreuung dort besonders groß und der Zusammen-hang zwischen sozialer Herkunft und Leistung deutlich stärker ausgeprägt. In der schulischen Bildung besteht in PISA also auch eine Schieflage gegenüber dem gesellschaftlichen Versprechen, in den Schulen bestünde Chancengleich-heit und die schulische Bildung sorge für Chancengleichheit nach der Schule. Dieses PISA mit seiner doppelten Schieflage liegt nicht in der Toskana, sondern in der Bundesrepublik und dort überall, wobei in den Ländern, in denen die erste Schieflage weniger stark ausgeprägt ist, die zweite umso deutlicher die schu-lische Situation prägt.

Die Schieflage bei der schulischen Bildung trifft die Bundesrepublik umso schlimmer, wird Bildung doch als die Lösung eines außerschulischen Problems ausgegeben, dass nämlich zunehmend mehr Menschen ohne Erwerbsarbeit bleiben, obgleich sie, wie alle anderen auch, zur Erwerbsarbeit angehalten werden. Die Bundesrepublik ist, bis in ihre Poren hinein und weit mehr als die meisten anderen Gesellschaften dieser Welt, eine Arbeitsgesellschaft, was u.a. heißt, dass sie alle Menschen, die ihren Lebensunterhalt nicht mit Einkommen aus Vermögen bestreiten können, zur Sicherung ihres Lebensunterhalts auf die Arbeitsmärkte verweist, dass sie dort durch „Verkauf" ihres Arbeitsvermögens ein eigenständiges Einkommen erzielen. Seit Ende der 70er Jahre läuft dieser Zwang bei zunehmend mehr Menschen ins Leere, deren Arbeitskräfteangebot keine Nachfrage findet und die deshalb ohne ein selbständiges Einkommen bleiben. Trotz der zunehmenden und längst verfestigten Arbeitslosigkeit hat die Bundesrepublik ihre arbeitsgesellschaftliche Grundlage nicht zurückgenommen, sondern – im Gegenteil – den Zwang zur Erwerbsarbeit noch weiter verschärft und zwar insbesondere für die, die vom Arbeitslosigkeitsrisiko besonders betroffen sind. In dieser Situation wird allgemein Bildung als Lösung des Problems Arbeitslosigkeit gesehen und zwar sowohl auf der strukturellen wie auf der individuellen Ebene: Ausreichend qualifiziertes Arbeitsvermögen der Erwerbstätigen gilt als die wichtigste Ressource im Wettbewerb der Volkswirtschaften, **der** Standortvorteil der bundesdeutschen Volkswirtschaft. Und ausreichend qualifiziertes Arbeitsvermögen gilt als wichtigste Ressource, um als einzelner Zugang zu den Arbeitsmärkten zu finden und dort erfolgreich zu sein; fehlende und unzureichende Qualifikationen gelten dagegen als **die** Ursache für Arbeitslosigkeit.

Als Lösungsmittel für das strukturelle Beschäftigungsdefizit auf der einen und als wichtigste Ressource zur Arbeitsmarktintegration der Einzelnen auf der anderen Seite soll Bildung, insbesondere die schulische Bildung die Zukunft der Arbeitsgesellschaft sicherstellen helfen. Die (schulische) Bildung wird dazu auf ihren „Output", genauer: auf die Erstellung von Arbeitsvermögen hin orientiert, und wird in Konsequenz dieser Orientierung zunehmend zur Ausbildung gemacht: Durch die Bildungsanstrengungen von Lehrern und Schülern wird bei den letzteren Arbeitsvermögen erstellt, das sie nach ihrer Ausbildung in der Erwerbsarbeit vollziehen und „verwerten", dass sie so zu selbständigem Einkommen führt und ihre gesellschaftliche Teilhabe ermöglicht.

Allerdings ist Bildung heutzutage nur von geringer Haltbarkeit, weswegen einmal gebildetes Arbeitsvermögen schnell altert und ebenso schnell zerschlissen wird, dann aber nicht mehr „verwertet" werden kann. Die Träger dieses Arbeitsvermögens sind deshalb gehalten, in ihr Arbeitsvermögen immer wieder neu zu investieren, ihr Arbeitsvermögen ständig zu erneuern und so vor dem Verschleiß zu bewahren. „Dauerhaftes Lernen" nennt sich das und betrifft all' die, die sich

1.0

ihren Lebensunterhalt über ein Einkommen aus Erwerbsarbeit bestreiten müssen. Durch das „dauerhafte Lernen" wird die schulische Bildung relativiert, zugleich aber auch mit neuen Ansprüchen konfrontiert: Um dieses Lernen zu ermöglichen, hat sie formal-abstrakte Qualifikationen, so genannte Schlüsselqualifikationen zu vermitteln, also weniger etwas, sondern das Lernen von Lernen (know how to know) „beizubringen".

Schlussendlich braucht es noch eines neuen Verständnisses der Schülerinnen und Schüler: In Vorbereitung auf den ständig neu lernenden Unternehmer seines eigenen Arbeitsvermögens werden die Schülerinnen und Schüler als Manager ihres eigenen Wissens und Wissenserwerbs ausgewiesen – und ihre schulische Bildung entsprechend gestaltet. In den Bildungsprozessen geht es um ihre eigene Zukunft, die sie in eben diesen Bildungsprozessen selbst machen sollen. Von ihnen wird deshalb, je älter je mehr, eine hohe Selbststeuerung ihrer Ausbildung erwartet. Wenn ihnen jedoch die dazu notwendige Motivation (noch) fehlt, wird diese durch „Fordern und Fördern" von fördernden und fordernden Lehrerinnen und Lehrern hergestellt. Im Rahmen ihrer selbst gesteuerten Ausbildung werden sie einer permanenten Kontrolle, der dauernden Prüfung und Zertifizierung ausgesetzt. Deren Geschäftsgrundlage sind vordefinierte Standards, die zumeist dynamischen Charakter haben, so sie im Rahmen von Benchmarking, also des dauernden Vergleichs mit anderen bestimmt werden. Der jeweils eigene Bildungsstand wird relational zum Bildungsstand anderer, möglichst aller anderen bestimmt. Unter diesem Diktat des Komparativs rückt jeder Schüler, jede Schülerin „gleichzeitig und gleichermaßen in die Rolle des Preisrichters und Wettbewerbers, des Gewinners und Verlierers" (Pongartz). Die in ihren Schulen tätigen Lehrerinnen und Lehrer haben nicht nur diesen Dauervergleich zu organisieren und durchzusetzen, sondern werden dabei auch selbst unter die Regie des Komparativs gestellt und dazu auf Bildungsstandards festgelegt.

Das alles wäre vermutlich auch ganz ohne PISA auf die Schulen, auf die dort tätigen Lehrerinnen und Lehrer und die dort lernenden Schülerinnen und Schüler zugekommen. Aber das unter diesem Kürzel laufende Evaluierungs- und Vergleichsprogramm treibt diese Entwicklung mit an und dient zumindest in der Bundesrepublik ihrer Rechtfertigung. Mehr noch: In dieses Forschungsprogramm ist genau dieses Bildungskonzept eingebaut, das in Antwort die dabei erkundeten Bildungsdefizite als deren Lösung ausgegeben werden.

Die bildungspolitisch betriebene Entwicklung spricht die Sprache der Freiheit, wird nämlich als Flexibilisierung, Deregulierung, Autonomisierung, eben als Befreiung von Schülerinnen und Schülern, ihrer Lehrerinnen und Lehrer und ihrer

Schulen gerechtfertigt. Bei Lichte betrachtet handelt es sich jedoch nicht um den Rückzug des Staates aus der schulischen Bildung, sondern um deren verschärfte Kontrolle durch den Staat, der sich allerdings der von ihm angewiesenen Selbststeuerung bedient – und seine Kontrollanstrengungen dahinter verbirgt. Man braucht nicht die Instrumente etwa der Foucaultschen Machtanalyse zu bemühen, um der zugleich verstärkten und verdeckten Macht des Staates auf die Spur zu kommen. Schülerinnen und Schüler erleben genauso wie ihre Lehrerinnen und Lehrer, dass ihnen von Staats wegen Möglichkeiten eigenständiger Bildungsprozesse genommen werden, sie mithin in ihrer Autonomie eingeschränkt werden.

2. Kirche außerhalb der Kirchen

Religionsunterricht findet in der Bundesrepublik an staatlichen, zumindest aber an staatlich kontrollierten Schulen statt. Doch obgleich dieser Unterricht einen hohen Rechtsrang hat, bleibt er dem schulischen Betrieb doch fremd. Trotz aller Normalisierungsbemühungen nicht zuletzt der Religionslehrerinnen und -lehrer ist der Religionsunterricht kein normaler Unterricht wie jeder andere; und Religionslehrerinnen und -lehrer sind keine normalen Lehrerinnen und Lehrer, was vor allem junge Kolleginnen und Kollegen (zumeist etwas schmerzhaft) lernen müssen. Diese Fremdheit ihres Religionsunterrichts in der schulischen Bildung möchte ich kurz reflektieren, um dann den roten Faden wieder aufzunehmen.

War das Christentum im Mittelalter der Hintergrund aller sozialen Bezüge, wird es im Umbruch zur Moderne zu einem Teil von einem anderen Ganzen, das man alltagssprachlich zumeist 'Gesellschaft' nennt. In einem Prozess funktionaler Differenzierung entsteht diese Gesellschaft als eine Vielzahl unterschiedlicher Bereiche, die mit unterschiedlichen Aufgaben der gesellschaftlichen Reproduktion beauftragt und entsprechend spezialisiert sind. Indem das Christentum zu einem Teil eines solch' funktional aufgefächerten Ganzen wurde, wurde es zugleich stärker als in früheren Zeiten zur Kirche und wird in diesem Ganzen schwerpunktmäßig als Kirche, oder genauer: als konfessionell getrennte Kirchen präsent. In dieses kirchlich verfasste Christentum zieht sich die zum Christentum gehörende Sprache und die in dieser Sprache überlieferten Traditionen zurück; auch werden die sich dieser Sprache bedienenden Vollzüge des christlichen Glaubens, allen voran der Gottesdienst, auf diesen Bereich der Gesellschaft konzentriert. Allerdings bindet das verkirchlichte Christentum nicht den „ganzen" Glauben: Wenn sie auch in ihren Kirchen den Ort haben, um über ihren Glauben zu sprechen und ihn zu feiern, so werden die Christinnen und

1.0

Christen in ihrem Glauben auch, oder besser: vor allem außerhalb dieses Ortes gefordert – und zwar prinzipiell an allen Orten der ausdifferenzierten Gesellschaft. Damit treten für Christinnen und Christen ihr Glaubenssprechen und ihr Glaubenstun (Glaubenspraxis) auseinander: Das erste hat in den Kirchen einen spezifischen gesellschaftlichen Ort und ist gerade so gesellschaftlich präsent; das zweite hat keinen besonderen Ort, ist prinzipiell „allgegenwärtig", aber gesellschaftlich weitgehend unsichtbar, da es nicht dort als Glauben besprochen werden kann, wo es getan wird.

Ganz „sauber" ist die für moderne Gesellschaften typische Ausdifferenzierung zumeist nicht abgelaufen, auch nicht die Ausdifferenzierung und Verkirchlichung des Christentums. So wie über den diakonischen Vollzug des Glaubens die Kirchen über „ihre" Wohlfahrtsverbände und deren Einrichtungen auch »außerhalb« des verkirchlichten Christentums gesellschaftlich als Kirchen präsent sind, so entsteht mit dem Religionsunterricht an den staatlichen Schulen ein Ort des Glaubenssprechens „außerhalb" des gesellschaftlichen Bereichs, in den hinein das Glaubenssprechen eigentlich verwiesen wurde – und damit aber so etwas wie Kirche „außerhalb" der Kirchen, eine Kirche in der „Fremde".

Die dem Religionsunterricht eigene Fremdheit ist doppelt bestimmt: Als ein Ort des Glaubenssprechens „außerhalb" des kirchlich verfassten Christentums und ihrer Institutionen ist der Religionsunterricht erstens diesen Institutionen fremd. Weil das Glaubenssprechen in der Schule unter anderen Bedingungen stattfindet, ist der Religionsunterricht eine »andere« Welt als die für das christliche Glaubenssprechen gesellschaftlich „eigentlich" vorbehaltene Welt und ist von dieser Welt aus gesehen eine „fremde" Welt. Für die professionellen Experten in der einen bleibt die Arbeit der Experten in der anderen Welt eigentümlich unverständlich, weswegen es mehr oder weniger aufwendige, mehr oder weniger erfolgreiche Transferleistungen bedarf, um sich untereinander abzustimmen. Zweitens ist der Religionsunterricht als Ort des Glaubenssprechens in der Welt „fremd", in der er stattfindet, also innerhalb der schulischen Bildung. Zumal wenn sie in staatlicher Verantwortung angeboten wird, ist diese Bildung vom christlichen Glaubenssprechen unterschieden und getrennt geworden. Von den professionellen Experten wird die Einhaltung dieser Trennung erwartet – und bei Zuwiderhaltung auch durchgesetzt. Für den Religionsunterricht ist dagegen diese Trennung außer Kraft gesetzt worden. Von den Experten dieses Unterrichts wird erwartet, dass sie im Kontext selbst der staatlichen Schule den christlichen Glauben zur Sprache bringen – und diese Erwartung wird, sofern sie enttäuscht wird, gegebenenfalls auch mit staatlichem Nachdruck eingeklagt. Daher halten Religionslehrerinnen und -lehrer einen im

Vergleich mit dem „nomalen" Bildungsangebot ihrer Schulen „anderen" Unterricht – und sind deswegen auch für ihre Kolleginnen und Kollegen in der Schule fremd.

Wie das ausdifferenzierte und zugleich verkirchlichte Christentum ist der Religionsunterricht ein Ort des Glaubenssprechens, also so etwas wie eine spezifische Öffentlichkeit des christlichen Glaubens. Er ist also kein spezifischer Ort für Schülerinnen und Schüler, ihren Glauben zu **tun**, also ihre Selbstbestimmung auf Gott hin zu vollziehen, aber er ist darauf spezialisiert, dieses Tun gemeinsam mit anderen zu besprechen. Im Unterschied zu dem ausdifferenzierten und verkirchlichten Christentum steht das Glaubenssprechen im Religionsunterricht jedoch im Modus der Aneignung. Dass Christinnen und Christen nicht nur glauben, sondern auch ihren Glauben besprechen (müssen), wird im Religionsunterricht „gelernt", was bedeutet, dass sich Schülerinnen und Schüler dort sowohl ihren Glauben als auch die Ressourcen und Fähigkeiten, ihren Glauben gemeinsam mit anderen zu besprechen, aneignen können und sollen. Im Vergleich zu den anderen Bereichen der schulischen Bildung ist der Religionsunterricht thematisch auf den christlichen Glauben spezialisiert und im Vergleich zum „normalen" Christentum auf die Aneignung von Glauben und Glaubenssprechen. Damit ist der Religionsunterricht zugleich Öffentlichkeit des christlichen Glaubens und Unterricht.

Als eine doppelt spezialisierte Veranstaltung untersteht der Religionsunterricht einer besonderen Rationalität: Was in den Kirchen gut und richtig ist, ist deshalb noch lange nicht im Religionsunterricht gut und richtig; und analog: Was in der schulischen Vermittlung von welchen Qualifikationen auch immer gut und richtig ist, ist deswegen nicht auch im Religionsunterricht bei der doppelten Aneignung des Glaubens gut und richtig. Der Religionsunterricht hat seine eigene Rationalität – und ist nur dann richtig und gut, wenn er dieser Rationalität folgt.

Das eingangs zitierte Bild vom jungen Jesus im Tempel möchte ich zum Ausgang nehmen, um diese besondere Rationalität des Religionsunterrichts aufzuklären. In dem, „was meinem Vater ist" saß Jesus „mitten unter den Lehrern, hörte ihnen zu und stellte Fragen", heißt es bei Lukas. In dem Haus seines Vaters saß der junge Jesus, wobei er wusste, dass es sich um „meinen Vater" handelt, in dessen Tempel er saß und dessen Lehrern er zuhörte, Fragen stellte und Antworten gab. Im Haus „meines Vaters" bespricht er mit anderen **seinen** Glauben und spricht daher in eigener Sache, und er spricht selbst und ist damit Subjekt seines eigenen Glaubens. Dieses Bild taugt zwar nicht als Normalfall, vermutlich nicht einmal als Idealbild des Religionsunterrichts, da man diesen ansonsten

1.0

unter zumeist unerreichbare Ansprüche stellen und den Religionslehrerinnen und -lehrern generell unerfüllbare Ziele vorgeben würde. Aber es ist ein Bild für das, was sich im Religionsunterricht ereignen **kann**, dass nämlich Schülerinnen und Schüler das Angebot der christlichen Traditionen aufgreifen und ihren eigenen Glauben entdecken und ihn zur Sprache bringen. Damit sich diese Aneignung des Glaubens ereignen und der Religionsunterricht zum „Haus unseres Vaters", zum Ort gemeinsamen Glaubenssprechens werden **kann**, muss das Idealbild des Religionsunterrichts entsprechend gezeichnet und der Normalfall von diesem Ideal her orientiert werden. Dazu vier kurze Andeutungen:

a) **Der junge Jesus saß „mitten unter den Lehrern, hörte ihnen zu und stellte Fragen":** Zu einem „Haus meines Vaters" kann der Religionsunterricht nur dann werden, wenn Religionslehrerinnen und -lehrer **erstens** Lehrer des Glaubens und das heißt eben auch selbst Glaubende sind, die von ihren Schülerinnen und Schülern als Glaubende erkannt werden können. Selbst Glaubende zu sein, ist für Religionslehrerinnen und -lehrer mit mehreren Fächern ungleich schwerer, als für Pfarrer oder PastoralreferentInnen, die „aus der Kirche" nur besuchsweise in die Schulen kommen und dort Religionsunterricht halten. Denn indem sich die Lehrerinnen und Lehrer als Glaubende identifizierbar machen, werden sie auch außerhalb des Religionsunterrichts identifiziert, obgleich das aus professionellen Gründen außerhalb des Religionsunterrichts nicht erwünscht ist. Als Lehrer des Glaubens müssen sie **zweitens** ihren Glauben aussagen können – und sich dazu selbst hinreichend gut kennen, also sich auch in den Traditionen des christlichen Glaubenssprechens hinreichend gut auskennen und deren Vielfalt überblicken.

b) **Alle „…. waren erstaunt über sein Verständnis und über seine Antworten":** Der von glaubenden Lehrerinnen und Lehrern getragene Unterricht kann zum „Haus meines Vaters" werden, wenn diese eine hinreichend große Distanz zum eigenen Glauben und Offenheit für „anderen" Glauben anderer haben, dass sie deren Weg zum je eigenen Glauben und die dafür notwendigen Aneignungsprozesse von Schülerinnen und Schüler anregen und begleiten können. So groß auch ihr eigener Glaube sein mag, nicht ihn sollen sie an ihre Schülerinnen und Schüler vermitteln; sie sollen statt dessen diese befähigen, ihren je eigenen Glauben zu finden, und ihnen dazu die Vielfalt der christlichen Glaubenstraditionen eröffnen. Dabei sollten sie, wie alle Katechetinnen und Katecheten, damit rechnen, dass Gott und der Glaube an diesen Gott „schneller" als jede Katechese ist, dass sie deshalb Gott und den Glauben bei ihren Schülerinnen und Schülern „vorfinden", diese also ihren Gott und ihren Glauben „nur" entdecken müssen.

c) Damit sie im Religionsunterricht ihren eigenen Glauben finden und besprechen können, müssen die Schülerinnen und Schüler sowohl sich selbst verstehen können, müssen also verstehen können, wer sie denn selbst sind und
sein wollen. Und sie müssen die Traditionen des christlichen Glaubenssprechens, zumindest in den für sie jeweils relevanten Auszügen, verstehen können.
Weder die erste noch die zweite hermeneutische Kompetenz können Religionslehrerinnen und -lehrer einfach voraussetzen, weswegen sie diese Voraussetzungen der Aneignung des christlichen Glaubens in ihrem Religionsunterricht vermitteln müssen.

d) Was schließlich passiert, wenn der Religionsunterricht zum „Haus meines
Vaters" wird, ist, dass Schülerinnen und Schüler in Antwort auf den im Christentum ausgesagten Gott und vor dem Hintergrund ihrer bisherigen biographischen
Entwicklung bestimmen, wer sie denn sind bzw. werden wollen. Zur Selbstbestimmung, sich selbst auf den im Christentum ausgesagten Gott hin zu bestimmen, gehört notwendig, sich in die Gemeinschaft und in die Traditionen derer
einzufügen, die sich ebenso, wenn auch je eigen, auf diesen Gott hin bestimmt
haben. In diesem Sinne zielt der Religionsunterricht zugleich auf einen Akt der
individuellen Selbstbestimmung und auf die kirchliche Einbindung der sich so
selbst bestimmenden Glaubenden. Selbstbestimmung und Verkündigung erreicht der Religionsunterricht, wenn er beides erreicht, gerade indem er beides
immer wieder einübt.

3. Reli nach PISA holen?

Um dieser, dem Religionsunterricht eigenen Rationalität entsprechen, um also
einen guten Religionsunterricht halten zu können, scheint mir eine große Distanz
gegenüber der eingangs beschriebenen schulischen Bildung notwendig. Der
Religionsunterricht gehört nach Jerusalem, nicht nach PISA, lautet mein (zuge-
geben übertrieben zugespitztes) Plädoyer.

Eingangs wurde festgestellt, dass die schulische Bildung – als Beginn lebenslangen Lernens – auf den Erwerb von „Schlüsselkompetenzen" verpflichtet wird.
Rechnet man die oben genannten religiösen Kompetenzen, etwa die herme-
neutischen Kompetenzen des Sich- und des Traditionsverstehens, aber auch
die der Selbstbestimmung und der Vergemeinschaftung zu diesen Schlüsselkompetenzen, wird man dem Religionsunterricht einen hohen Stellenwert innerhalb der schulischen Bildung einräumen können, ihn vielleicht aufwerten
müssen. Doch lassen sich diese religiösen Kompetenzen nicht als solche

1.0

„Schlüsselqualifikationen", also nicht als Schlüssel für lebenslanges Lernen der sich selbst und ihr Erlerntes verwertenden Menschen verstehen, geschweige denn: vermitteln. Zwar können religiöse Kompetenzen dem Arbeitsvermögen religiöser Menschen durchaus dienen; sie müssen dies aber nicht – und können sogar bei der lebenslangen Ausbildung und Pflege von Arbeitsvermögen „stören", etwa notwendiges Wissen oder geforderte Fertigkeiten „von den letzten Dingen her" problematisieren. Vor allem aber können sich Schülerinnen und Schüler nicht als Glaubende bestimmen und in die Glaubensgemeinschaft einfinden, wenn sie dabei unvollständig, nämlich nur als Träger von Arbeitsvermögen angesprochen werden. Dass sie Träger von Arbeitsvermögen sind, mag für Glaubende relevant sein, aber als Glaubende und damit vor dem im Christentum ausgesagten Gott stehen sie nie nur als Träger von Arbeitsvermögen da, eine Situation auf die sie aber als Akteure lebenslangen Lernens vorbereitet werden.

Die im Religionsunterricht den Schülerinnen und Schülern angebotene Aneignung des Glaubens ist alles in allem wenig wahrscheinlich, aber unter der Regie des Komparativs ist sie auf keinen Fall möglich. Zum je eigenen Glauben kommen Glaubende nur in einem kommunitären Miteinander und dabei auch über den Vergleich, wie unterschiedlich man sich und die Welt, aber auch die gemeinsamen Glaubenstraditionen verstehen kann. Gerade in solchen Vergleichen entdecken sie, was ihnen über all' ihre Unterschiede hinweg gemeinsam wichtig ist und darin, was ihr Gott „ist". Die Vergemeinschaftung des Glaubens beginnt, wenn sie denn beginnt, bereits in der Aneignung des Glaubens – aber folgt selbst dann nicht der in der schulischen Bildung gegenwärtig favorisierten komparativen Logik von Mehr oder Weniger, von Besser oder Schlechter. Geht es darum, zum eigenen Glauben zu finden, wird er im komparativen Vergleich gerade verfehlt, weil nicht nach mehr oder weniger Glauben, sondern nach dem eigenen, zu einem selbst „passenden" und deshalb im Vergleich mit anderen „anderen" Glauben gesucht wird. Deswegen entspricht es nicht der Rationalität des Religionsunterrichts, Schülerinnen und Schüler oder ihre Lehrerinnen und Lehrer unter die komparative Logik zu stellen – und sie so in einen Wettbewerb um Selbstbestimmung und Vergemeinschaftung zu zwingen. Warum auch immer welche Bildungsstandards für den Religionsunterricht gesucht werden, ihre Suche sollte deshalb nicht nach dem Vorbild der gegenwärtigen Qualifizierungsversuchen schulischer Bildung, also nicht nach dem Vorbild von PISA erfolgen.

Selbststeuerung, als mehr oder weniger explizit ausgewiesenes Ziel gegenwärtiger schulischer Bildung, liegt in der Übernahme eines fremden, gesellschaftlich dominanten und staatlich sanktionierten Programms. Dieses eingangs vorgestellte Ziel ist für die schulische Bildung damit zu rechtfertigen, dass damit die Lebens- und Teilhabechancen der Schülerinnen und Schüler in einer durch eben dieses Programm dominierten Umwelt gesteigert werden kann – und schulische Bildung als staatliche Zwangsveranstaltung gerade den Auftrag hat, allen Schülerinnen und Schüler diese Chancen zu eröffnen. Die im Religionsunterricht angebotene Aneignung des Glaubens folgt jedoch der Logik der Selbststeuerung nicht – und zwar selbst dann nicht, wenn „Glauben" in das gesellschaftlich dominante und staatlich sanktionierte Programm – etwa über ein Bündnis für christlich orientierte Werterziehung – aufgenommen würde. Zwar ist Aneignung des Glaubens kein autonomer Akt nach dem Motto „Hier stehe ich alleine vor meinem Gott", sondern ist im Gegenteil kommunitär eingebunden und deshalb immer auch Akt der Vergemeinschaftung. Gleichwohl ist Aneignung des Glaubens Selbstbestimmung und in diesem Sinne die mehr oder weniger elaborierte Programmierung seiner selbst, auch wenn dieses Selbstprogramm aus Bausteinen der christlichen Traditionen programmiert werden muss, soll es „laufen" können.

Diese Selbstprogrammierung muss keineswegs im Widerspruch zu dem gesellschaftlich dominanten und staatlich sanktionierten Programm schulischer Bildung stehen, aber es kann dies – und muss es können. Denn möglicherweise gibt es die in der Aneignung des Glaubens vollzogene Selbstbestimmung nur in Ignoranz gegenüber diesem Programm, vielleicht sogar in dessen Verweigerung, was ein guter Religionsunterricht eben auch eröffnen können muss, soll er prinzipiell jeder und jedem das Angebot der Aneignung des christlichen Glaubens machen können. Dazu braucht der Religionsunterricht eine hinreichende Distanz zum Staat und dessen Programmatik schulischer Bildung, auch wenn er im Kontext seiner Bildungsverantwortung und unter seiner Kontrolle stattfindet. Um nicht falsch verstanden zu werden: Guter Religionsunterricht findet in Distanz zum Staat statt, nicht weil der Staat an und für sich, oder weil dieser Staat schlecht wäre, sondern weil die Aneignung des Glaubens die (verfassungsrechtlich auch anerkannte) Freiheit vom Staat braucht. Man ist gut beraten, den Religionsunterricht der eingangs beobachteten Verstaatlichung der schulischen Bildung nicht auszusetzen.

Damit im Religionsunterricht die Aneignung von Glauben eröffnet werden kann, muss dieser in Distanz zur gegenwärtig favorisierten Bildung gesetzt, muss die „Fremdheit" des Religionsunterrichts gepflegt werden. Man mag gegen diesen Vortrag einwenden können, dass andere Bereiche der schulischen Bildung dem Religionsunterricht gar nicht so fremd sind und so wie dieser auf Aneignungen oder auf Selbstbestimmung zielen. Dem muss man (auch als

1.0

Religionslehrerinnen und -lehrer) nicht widersprechen. Wenn es aber so sein sollte, dann mögen sich diese anderen Bereiche der schulischen Bildung an einem Religionsunterricht ein Vorbild nehmen, der gegenüber der gegenwärtigen Bildungsprogrammatik an seiner besonderen Rationalität festhält und dafür die ihm eigene „Fremdheit" in den Schulen nutzt. Vielleicht wird dann die schulische Bildung in dem Befremdlichen des Religionsunterrichts einer Bildung ansichtig, die mehr als Ausbildung und mehr als der Beginn „lebenslangen" Lernens ist. Auch deshalb lautet mein Plädoyer: Führen Sie ihren Religionsunterricht nicht nach PISA, halten sie ihn in Jerusalem, bestätigen Sie die Fremdheit des Religionsunterrichts gerade unter den gegenwärtigen Bedingungen schulischer Bildung. Wenn „Bildungsstandards" – entgegen meinen Erwartungen – dazu beitragen können, diese Fremdheit zu organisieren, diese Fremdheit in Zeiten von PISA gar nur über derartige Standards durchgehalten werden können, dann nutzen Sie diese; wenn nicht, dann bleiben sie standardlos!

Literatur

MÖHRING-HESSE, MATTHIAS: Von Gott reden – wann und wo? Situationen christlichen Bekennens in modernen Gesellschaften, in: Diakonia 31 (2000), S. 60-65.

Michaela Brohm

Wer Wissen sät, wird Kompetenz ernten: Lerntheorie – soziale Ungleichheit – didaktische Impulse

Momentan ist der Kompetenzbegriff in der pädagogischen Praxis und im theoretischen Diskurs der Disziplin Erziehungswissenschaft sehr präsent. Angesichts der aktuellen Fokussierung auf Fragen der Kompetenzentwicklung in Bildungsforschung und Bildungspolitik scheint eine andere Größe pädagogisch-psychologischer Lernforschung zunehmend ins Hintertreffen zu geraten: das Wissen. 'Ermüdende Wissensreproduktion' und 'unkreatives Auswendiglernen' sollen durch kompetenzorientierte didaktisch-methodische Verfahren ersetzt werden. Im Schulsystem werden die wissensbasierten Lehrpläne durch kompetenzorientierte Bildungsstandards ausgetauscht, Schlüsselkompetenzen sollen erschließen, was Menschen im lebensweltlichen und beruflichen Alltag benötigen, Metakompetenzen das Selbstreflexionsniveau abbilden. Wissensexpansion und die damit einher gehende schnelle Veralterung des Wissens führen zu dem Paradigma des lebenslangen Lernens durch Kompetenzentwicklung: Wissensvermittlung und Kompetenzförderung bilden sich vor diesem Hintergrund eher als antagonistische Konzepte des Lernens ab; der Wert des Wissens scheint in diesem Zusammenhang häufig unterschätzt zu werden.

Der Beitrag geht von der These aus, dass der Erwerb expliziten und impliziten Wissens[1] Grundlage eines an Kompetenzentwicklung ausgerichteten lebenslangen Lernens ist – darüber hinaus unterstützt der Wissenserwerb die soziale Inklusion herkunftsbedingt bildungsferner Kinder. Im Folgenden sollen Argumente aus drei Forschungsrichtungen – Kompetenzforschung (Kap.1), Kognitionspsychologie (Kap.2) und Wortschatzforschung (Kap.3) – diese These stützen. Anschließend wird der Frage nachgegangen, welche didaktischen Zugänge die Wissensaneignung im Unterricht fördern könnten (Kap.4). Der Beitrag kommt zu dem Schluss (Kap.5), dass die Vermittlung eines breit gestreuten Wissens (anhand von 'starken' Bildungsstandards) und die Schaffung von kognitiven und emotionalen Erfahrungsräumen im Unterricht den Erwerb von Kompetenzen erleichtern und die herkunftsbedingte Bildungsungleichheit vermindern könnten.

[1] Als „explizit" wird jenes Wissen bezeichnet, dass „der Rationalität entspringt und sich in konkreten Worten, Zahlen und Daten darstellen und direkt kommunizieren lässt. Dieses Wissen wird für einen Zweck gewonnen und hat einen theoretischen Bezug". Implizites Wissen hingegen „ist Erfahrungswissen, intuitives Wissen, das laufend entsteht, vergeht und individuell dauernd genutzt wird. Es kann mit Zahlen, Worten und Daten nicht erfasst werden. Seine Quellen sind mentale Modelle, Denkschemata, Glaube und Wahrnehmung" (Haun 2002, S. 43).

1. Kompetenz

Grundlagen

Etymologisch liegen die Wurzeln des Kompetenzbegriffs im lateinischen 'competentia'/'competere', was sowohl als 'zusammentreffen', 'zukommen' und 'zustehen', als auch mit 'geeignet' oder 'fähig sein' übersetzt wird. Schon hier wird die Doppeldeutigkeit des Begriffs klar: Die subjektive, intrapersonale Deutungsebene weist gen 'Fähigkeit' und 'Können'; die intersubjektiv-administrative (oder juristische) zeigt Richtung 'Befugnis' und 'Zuständigkeit'.

Vor allem in der heutigen Alltagssprache blieben beide Bedeutungen des Begriffs erhalten. Wissenschaftlich wurde er psychologisch eher intrapersonal, soziologisch eher interpersonal gedeutet. Erst die linguistischen Studien Chomskys in den frühen sechziger Jahren machten den Terminus auch für die Erziehungswissenschaft fruchtbar. Insbesondere seine Unterscheidung zwischen dem inneren Potenzial (die eigentliche Kompetenz) und der im Alltag sichtbaren Kompetenz (Performanz) stießen eine Welle fachspezifischer und disziplinenübergreifender theoretischer und empirischer Untersuchungen im Kontext der Kompetenzforschung an. Was Chomsky ab 1962 für die Linguistik leistete – nämlich den wissenschaftlichen Diskurs bezüglich eines differenzierten Kompetenzverständnisses einzuleiten –, gelang Habermas in der Sozialphilosophie (Analyse kommunikativer Teilhabe an Gesellschaft) und Robert W. White in der Motivationspsychologie. Whites Kompetenzkonzept geht davon aus, dass nahezu alle Aktivitäten auf ein möglichst effektvolles Umgehen des Individuums mit der Umwelt hin angelegt sind. Dieser „Grundstrom des Verhaltens" werde nur gelegentlich durch triebreduzierende Handlungen durchbrochen. Den auf effektvolles Handeln hin angelegten Aktivitäten legt White – besonders auf die Kindheit bezogen – eine Wirksamkeitsmotivation (effectance motivation) zugrunde. Motivierend sei „ein 'Gefühl der Wirksamkeit' (feeling of efficacy), aus dem letztendlich eine vielfältige Kompetenzsteigerung"[2] resultiere. Spezifischere Motive (Leistungsmotiv, Selbstbehauptungsmotiv usw.) entwickeln sich aus dem generellen Wirksamkeitsmotiv abgeleitet erst in späteren Entwicklungsphasen. Kompetenz entsteht demnach bei White weder aus grundlegenden angeborenen Dispositionen heraus, noch aus zwangsläufigen Entwicklungsprozessen passiv angetragen, sondern als Produkt einer manifesten Wirksamkeitsmotivation (effectance motivation), deren selbständiges, gewolltes Ausleben in Kompetenzentwicklung mündet. Diese motivationale Grundlage der Kompetenzentwicklung zieht sich seither durch die gängigen Kompetenzkonstrukte (s.u.).

[2] Heckhausen 1989, S. 456.

2.0

Theoretisches Konstrukt 'Kompetenz'

Im Folgenden sollen zwei aktuelle Kompetenzmodelle beleuchtet werden, die als paradigmatisch für die deutschsprachige Kompetenzforschung gelten können: die Kompetenzkonstrukte nach Erpenbeck/von Rosenstiel (2003) und Weinberg (o.J.). Für Erpenbeck/von Rosenstiel ist Kompetenz ein theoretisches Konstrukt, das lediglich kontextgebunden besteht und subjektzentriert ist. Es bildet die inneren, „unbeobachtbaren Voraussetzungen, Dispositionen des selbstorganisierten Handelns einer Person"[3] ab. Die inneren Fähigkeiten eines Menschen entzögen sich der unmittelbaren Beobachtung. Daher sei 'Kompetenz' ein theoretischer Terminus, der nur im Rahmen einer spezifischen Theorie behandelbar und messbar sei. „Der Kompetenzbegriff ist theorierelativ, d.h. er hat nur innerhalb der spezifischen Konstruktion einer Theorie von Kompetenz eine definierte Bedeutung. Außerhalb jeglichen theoretischen Rahmens ist der Kompetenzbegriff bedeutungslos. Erst Modelle als spezifische Interpretationen einer Theorie bilden die anschauliche Brücke zur empirischen Beobachtung. Ein sinnvolles Reden, ein vernünftiges Messen von Kompetenzen setzt demnach ein taugliches Kompetenzmodell voraus, das empirische Voraussagen im Theorierahmen gestattet"[4].

Ähnliches findet sich im Kompetenzbegriff Weinbergs. Für ihn geht es beim Terminus Kompetenz „um das im Individuum vorhandene Potential an Wahrnehmung, Wertung, Erkenntnisverarbeitung und Motivation sowie dessen Genese und ständige Veränderung"[5]. Darüber hinaus charakterisiert Weinberg 'Kompetenz' als ein individuelles kognitives und emotionales Potential, das „durch das soziale Handeln in der Alltagspraxis in Gang gehalten"[6] werde. Demnach umfasst die Kompetenz zwei Ebenen: ein im Individuum vorhandenes (Wahrnehmung, Wertung, Erkenntnisverarbeitung, Motivation) und ein im Alltag eingesetztes Potenzial (Alltagspraxis).

Anschlussfähig sind beide Kompetenzkonstrukte an strukturalistische Lernmodelle, in denen zwischen Oberflächenstruktur – also der Außenwelt –, und Tiefenstruktur – also dem inneren Kern der Person – unterschieden wird[7]: Individuen lernen durch die Transformation der Eindrücke, die von der Oberflächenstruktur in die Tiefenstruktur einwirken und von dieser als verarbeitete Eindrücke durch erneute Transformation in der Oberfläche sichtbar werden.

[3] Erpenbeck - von Rosenstiel 2003, S. Xf.

[4] Erpenbeck – von Rosenstiel 2003, S. XII.

[5] Weinberg o.J., S. 2.

[6] Weinberg o.J., S. 2.

[7] Vgl. z.B. Heursen 2001, S. 879f.

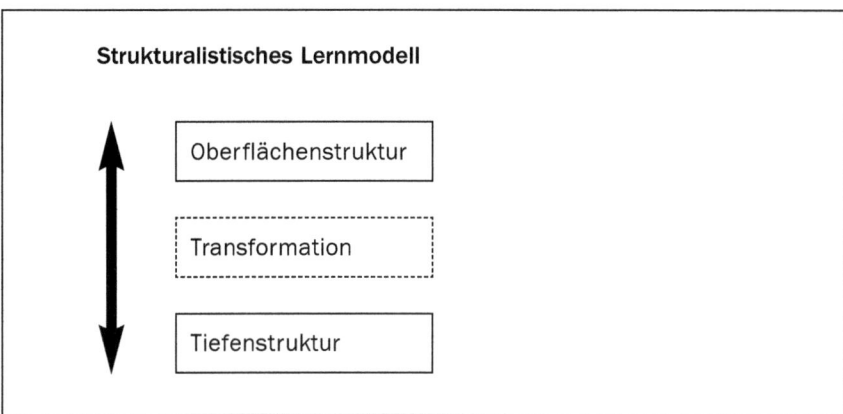

Abbildung 1: Strukturalistisches Lernmodell

Verknüpfen wir diesen lerntheoretischen Zugang mit den Anfängen wissenschaftstheoretischer Durchdringung des Kompetenzkonstrukts, so können wir konstatieren, dass die Oberflächenstruktur sehr nahe an den von Chomsky in die Kompetenzforschung eingebrachten Terminus der 'Performanz' anschlussfähig ist. Die eigentliche Kompetenz hingegen ist in der Tiefenstruktur angesiedelt und daher nicht messbar oder direkt trainierbar. Nur durch die Analyse der Oberflächenstruktur kann auf die zu Grunde liegende Tiefenstruktur geschlossen werden. Kompetenztests messen nicht die eigentliche Kompetenz, sondern die in der Oberflächenstruktur sichtbare Performanz als mutmaßliche Entäußerung der in der Tiefenstruktur verankerten Kompetenz. Die Performanz ist der wesentliche Indikator der Kompetenz[8].

[8] Zur Messung von Kompetenzen vgl. Brohm, im Druck.

Auf der Suche nach den bedingenden Faktoren, welche die Oberflächen- oder Tiefenstruktur prägen, bietet das Kompetenzmodell der QUEM erste Anhaltspunkte: Kompetenzen basieren hier auf Wissen und Werten, die durch Erfahrungen konsolidiert und durch Fähigkeiten disponiert werden. Realisiert werden sie durch das Ausmaß des Realisationswillens (Motivation).[9] Die Gesamtheit von Wissen, Werten, Erfahrungen, Fähigkeiten und Motivation erzeugt die Dispositionen zum selbstorganisierten Handeln. Demnach ist ohne entsprechende Werte (z.B. bei der sozialen Kompetenz), ohne alltägliche Performanz und Reflexion derselben (Erfahrungen), ohne die Motivation die eigenen Fähigkeiten zu erweitern und schließlich ohne schon vorhandenes Wissen Kompetenzerwerb kaum möglich.

[9] Erpenbeck - Scharnhorst 2004, o.S.

2.0

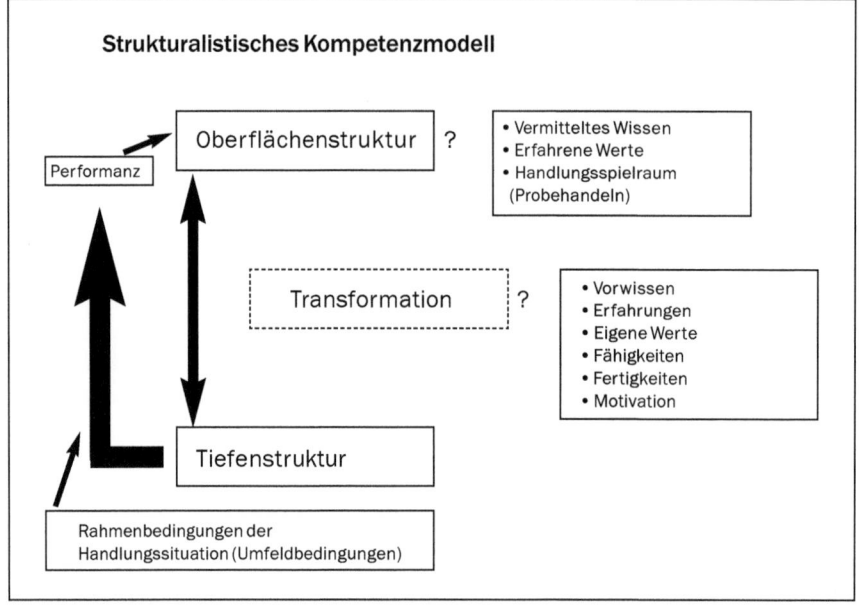

Abbildung 2: Strukturalistisches Kompetenzmodell

Das strukturalistische Kompetenzmodell zeigt vereinfachend mögliche Zusammenhänge auf: von außen angetragenes Wissen – wenn vom Individuum verinnerlicht – wird zu grundlegendem Vorwissen für neue Transformationsprozesse. Aus den erfahrenen (vorgelebten) Werten werden durch Anerkennung oder Ablehnung eigene Werte; Probehandeln führt zu der Ausprägung eigener Erfahrungen, Fertigkeiten und Fähigkeiten. Getragen wird der Transformationsprozess durch die Motivation. Aus der Gesamtheit dieser Faktoren wird das Kompetenzniveau gebildet, welches sich in der Performanz nieder schlagen kann. Ob sich ein kompetenter Mensch in einer spezifischen Situation auch wirklich kompetent verhält (also die entsprechende Performanz zeigt), hängt von den Rahmenbedingungen der Handlungssituation ab (determiniert z.B. durch das Maß der aktuell erfahrenen Wertschätzung).

Aus dem Kompetenzmodell ist ableitbar, dass Kompetenzvermittlung und Kompetenzentwicklung von außen (also z.B. durch Lehrerinnen und Lehrer) **nicht** möglich ist: Die pädagogischen Interventionen haben **keinen** Zugriff auf die intrapersonalen Transformationsprozesse. Lehrende, die die Kompetenzen ihrer Lerner unterstützen wollen, können dieses nur indirekt über

- das Vorleben (und Besprechen) von Werten[10]
- die Ermöglichung von Probehandeln (Einüben neuer Situationen) und schließlich
- die Vermittlung von Wissen tun.

Auf dieser Grundlage kann der Lehrende dann begründet hoffen, dass sich Kompetenzentwicklung beim Lernenden einstellt.

Abgesehen von diesen kompetenztheoretischen Überlegungen unterstützen noch zwei weitere Perspektiven die Wichtigkeit der Wissensvermittlung: die Kognitionspsychologie und die Wortschatzforschung.

2. Kognitionspsychologie

Die Kognitionspsychologie ist eine Disziplin, die aus der kritischen Auseinandersetzung mit behavioristischen Lerntheorien hervor gegangen ist und den Erkenntnisvorgang im Lernprozess betont. Lernen wird hier als ein Prozess verstanden, der im Bewusstsein „Erfahrungs- und Erkenntniszusammenhänge bewirkt, von denen Erwartungen und Pläne ausgehen, die das weitere Lernverhalten des Menschen leiten"[11]. Wahrnehmen, Vorstellen, Denken, Problemlösen, Begriffsbildung und Versprachlichung bilden den Lernvorgang ab. „Kognition ist Prozess und Ergebnis der Informationsverarbeitung und Handlungssteuerung auf der Grundlage von Wissen, Werten und Erkenntnis"[12]. Als individuelle kognitive Lernvoraussetzungen gelten in der Kognitionspsychologie Intelligenz und Begabung, besonders aber auch bereits vorhandenes Wissen, insbesondere bereichsspezifisches Vorwissen, wobei Fehlkonzeptionen im Vorwissen den Erwerb neuen Wissens nachhaltig erschweren[13].

Anlässlich der neunten Jahreskonferenz der Core-Knowledge-Foundation 2000 in Anaheim (Kalifornien) thematisierte der Linguist Eric Donald Hirsch die Wichtigkeit kognitionspsychologischer Forschungsergebnisse für das Verständnis der Wertigkeit des Wissenserwerbs[14].
Es habe sich, führt Hirsch aus, in der kognitionspsychologischen Forschung ein Konsens herausgebildet, „demzufolge es Vorwissen bedarf, um weiteres Wissen zu erwerben"[15]: „Eine Vernachlässigung der Vermittlung von Faktenwissen führt dazu, dass die Kinder überhaupt nicht in der Lage sind, Fakten systematisch und effektiv nachzuschlagen. Eine Überbetonung von prozessorientiertem Lernen zu Lasten des Erwerbs von Faktenwissen behindert vielmehr die Fähigkeit, das Lernen zu lernen. Es stimmt zwar, dass das Internet uns eine

[10] Vgl. dazu den Beitrag von John Erpenbeck in diesem Band.

[11] Schaub – Zenke 2002, S. 323.

[12] Schaub – Zenke 2002, S. 323.

[13] Vgl. Helmke – Schrader 2001, S. 251. (Die Autoren beziehen sich hier auf Ausführungen von Ausubel, Novak und Hanesian, 1978.)

[14] Im Mittelpunkt seiner Ausführungen steht die Kritik an den progressiven Theorien der amerikanischen Pädagogik und im engeren Sinne am Modell des Projektunterrichts. Im Sinne der progressiven Theorien eignet sich der lernende Schüler sein Wissen bei der Teilnahme in integrierten Projekten an; vom Fachunterricht grenzt sich dieser Ansatz ab: Das Faktenwissen,

2.0

welches sich Schüler im Fachunterricht aneignen, würde nur unzusammenhängendes Faktenwissen durch passives, mechanisches Auswendiglernen sein, so die Vertreter der progressiven Theorien (vgl. Hirsch 2002, S. 49). Für Hirsch sind die in der amerikanischen Pädagogik hochgehaltenen progressiven Theorien mitverantwortlich für die Bildungsmisere der 80er Jahre. Er geht von der Wichtigkeit breiter Wissensvermittlung aus, und untermauert diesen Ansatz durch Verweise auf die Kognitionspsychologie und Untersuchungen zum Wortschatzerwerb. Zum Folgenden vgl. Hirsch 2002, S. 48ff.

[15] Hirsch 2002, S. 51.

[16] Hirsch 2002, S. 51.

[17] Vgl. Hirsch 2002, S. 53. In diesem Kontext sei auch auf konstruktivistische Lerntheorien verwiesen, in denen davon ausgegangen wird, dass es für eine nachhaltige Wissensaneignung wichtig sei, die „neue Information mit dem Vorwissen zu verknüpfen und ihr persönlichen Sinn zu verleihen. Die dafür nötigen Lernvorgänge erfordern erhebliche kognitive Eigenaktivität, so dass selbstgesteuertes Lernen besonders wichtig ist" (Helmke - Schrader 2001, S. 251. Die Autoren verweisen hier auf die Ausführungen von Boekaerts 1997).

[18] Vgl. Hirsch 2002, S. 57.

ungeheure Fülle von Informationsmöglichkeiten bietet. Um jedoch die gewonnenen Informationen aufnehmen und unserem Wissensbestand hinzufügen zu können, müssten wir bereits über ein erhebliches Vorwissen verfügen"[16]. Dieses stelle zwar ein Paradoxon dar, werde aber durch kognitionspsychologische Befunde untermauert:

So beobachteten Miller/Gildea, dass es nur sehr wenigen Kindern gelang, produktiv mit Wörterbüchern umzugehen, da sie die nachzuschlagenden Wörter nicht in Wissenskontexte einbauen konnten. Forschungsergebnisse anderer Kognitionspsychologen stützen diese Ergebnisse: Larkin/Simon wiesen z.B. anhand von Experimenten auf dem Gebiet der Expertiseforschung nach, dass Experten in einem Wissensgebiet durch Nachschlagen sehr viel schneller und umfänglicher dazu lernen, als Anfänger. Erklärt wird dieses Phänomen von Larkin/Simon durch die begrenzte Fähigkeit des Gehirns, neue Wissenselemente assimilieren zu können. Der Experte kennt die meisten Wissenselemente bereits und richtet seine Aufmerksamkeit somit auf neue Elemente, die er problemlos in die bestehende Wissensstruktur integriert. De Groot kam bei seinen Schachbrettexperimenten zu vergleichbaren Ergebnissen: Anfänger – für die alle Spielpositionen neu sind – konnten sich an komplizierte Spielzüge i.d.R. nicht mehr erinnern, während die Experten diese problemlos erinnerten, da sie nur das Ungewohnte reproduzieren mussten[17].

3. Wortschatzuntersuchungen

Verstärkt werden diese Befunde, so Hirsch, durch die Erkenntnisse der Wortschatzforschung. 1995 konstatierten Hart/Risley, dass sich der Wortschatz von Kindern bereits vor der Vorschule stark unterscheidet. In Ihren Untersuchungen fanden sie heraus, dass Kinder mit einem geringen Wortschatz in der Schule wesentlich weniger lernten, als Kinder mit einem Wortschatz auf hohem Niveau. Die Schere ginge im Laufe der Schulzeit immer weiter auseinander. Das Wissen wachse demnach im Laufe der Jahre parallel zum Wortschatz. Viele Begriffe, die Bildungsbürger zu ihrem Wortschatz zählten würden nicht in Alltagsgesprächen erlernt, sondern durch Lesen unterschiedlichster Lektüre angeeignet[18]. Hirsch fordert daher, dass Kindern ein breites Angebot von Wissen in Form von Lesematerial angeboten werden solle. Eine breite Wissensvermittlung bereits im Vorschulalter sollte das drohende Auseinanderklaffen von Wortschatzumfängen – und somit Bildungschancen – vermeiden helfen.
Die Chancen auf soziale Inklusion (bzw. die Verminderung sozialer Ungleichheit) und „lebenslanges Lernen" hängen demnach sehr eng mit dem Wissen und den

sprachlichen Kompetenzen zusammen, die den Schüler/innen im schulischen Kontext vermittelt werden.

Ein Beispiel soll die obigen Ausführungen verdeutlichen: Ein Schüler findet in einem Text den Begriff „Liturgie" [19] und schlägt ihn im Internetlexikon nach. Da das Internet-Schülerlexikon keine Informationen bietet (http://www.schuelerlexikon.de) wendet er sich an Wikipedia: „Der Begriff Liturgie (v. griech.: λειτουρια öffentlicher Dienst aus λειτος öffentlich von λαος Volk; und εργον Werk, Dienst) bezeichnet im allgemeinen Sinne eine vorherbestimmte oder festgesetzte Reihe von Ritualen, die innerhalb einer Religion ausgeführt werden. Im engeren Sinne bezeichnet der Begriff in den abrahamitischen Religionen den gestalteten Gottesdienst. Der liturgische Gottesdienstbegriff weist eine doppelte Dimension auf: er beschreibt den Dienst von und für Gott. Insofern unterscheidet er sich vom eher deskriptiven Begriff der Kulthandlung. Liturgie umfasst das gesamte gottesdienstliche Geschehen: Wort und Gesang, Gestik, Bewegung und Gewänder, liturgische Geräte, Symbole und Symbolhandlungen[20]" usw.

Was hat ein Schüler gelernt, der nicht weiß, was Rituale, abrahamitische Religionen, Kulthandlung, Symbole und Symbolhandlungen sind?

[19] Begriff wurde gewählt, da der vorliegende Beitrag auf einem Vortrag basiert, der von der Autorin auf dem Berufsschulsymposion des Deutschen Katecheten-Vereins und der Religionspädagogischen Institute Österreichs (RPI) im März 2006 in Erfurt gehalten worden ist.

[20] http://de.wikipedia.org/wiki/Liturgie.

4. Didaktische Impulse

Fragen wir nun weiterführend, wie Wissensvermittlung und Kompetenzaufbau im Unterricht unterstützt werden können, so fällt der Blick auf zwei – idealer Weise miteinander verbundene – didaktische Zugänge: das Fixieren, Unterrichten und Evaluieren verbindlicher Bildungsstandards und die Schaffung kognitiver und emotionaler Erfahrungsräume.

Bildungsstandards

Die Kultusministerkonferenz beschloss 2003 die Einführung nationaler Bildungsstandards. Sie entschied sich für schulartbezogene Regelstandards – also Standards, die 'in der Regel' von den Schülern/innen erreicht werden sollen. Es wird demnach von einer immanenten Versagensquote ausgegangen. Zudem sind die Standards inhaltlich so unverbindlich formuliert, dass eine Überprüfung schwerlich möglich ist. Ein alternatives Konzept zu diesen 'weichen' Standards entwirft Wolfgang Böttcher, wenn er sich auf 'starke' Standards bezieht[21], und spezifische Qualitätskriterien nennt: 'Starke' Standards sollten sich durch Klarheit (1) auszeichnen (detailliert und präzise), da unklare Standards missverstanden oder ignoriert werden könnten. Zudem sollten sie dem Kriterium 'Knappheit' (2) genügen – schließlich gehe es um die Fokussierung auf

[21] Zum Folgenden vgl. Böttcher, im Druck, sowie ausführlicher in Böttcher 2003, S. 4ff.

2.0

die wichtigsten Inhalte. Darüber hinaus müssten Standards überprüfbar (3) sein, damit LehrerInnen präzise Rückmeldungen über den Lernerfolg der Lerngruppe erhalten. Schließlich sollten sie anspruchsvoll (4) und verbindlich (5) für **alle** Schüler, Lehrer und Schulen sein[22].

Das Kriterium 'Klarheit' wird anhand eines Bildungsstandards im Fach Mathematik deutlich: 'Weich' wäre z.B. ein Standard, der laute: „Schüler müssen in der Lage sein, geometrische Regeln und Verfahren in Situationen des täglichen Lebens anwenden zu können". Unklar bliebe hier, was eine solche Beschreibung konkret bedeute: „Sollen die Schüler nun in der Lage sein, die Diagonale eines Rechtecks zu berechnen oder den Radius eines Kreises oder den Satz des Pythagoras zu verstehen – oder all dieses zusammen?" Ein 'starker' Standard sei hingegen: „Der Schüler ist in der Lage, zwischen Umfang und Fläche zu unterscheiden. Er kann entscheiden, welches dieser beiden Konzepte in einer gegebenen Problemsituation angemessen ist"[23].

Eingebettet werden solcherlei Bildungsstandards in die weit reichende schulorganisatorisch und pädagogisch autonome Prozessgestaltung der Einzelschule, die deren Umsetzung initiiert und evaluiert. Fixiert sind sie in einem Kerncurriculum, welches die verbindlichen Unterrichtsinhalte festhält. Fördermaßnahmen für jene SchülerInnen, welche die Standards nicht erreichen, begleiten die Umsetzung. Darüber hinaus sollten Lehrerfortbildungen auf das Unterrichten nach diesen Standards vorbereiten. Leistungsevaluation und Rechenschaftsablegung zur Identifikation des Scheiterns, verknüpft mit engmaschigen Fördermaßnahmen in Schul- und Personalentwicklung, unterstützen die Schule bei der Umsetzung der Standards[24].

Die Fachgruppen in den Kollegien könnten beginnen, auf der Grundlage der KMK-Vorgaben verbindliche Wissensziele in einem schulischen Kerncurriculum auszuweisen. Zudem könnten Evaluationsmaßnahmen konzipiert und implementiert werden. Erst durch die verbindliche Einigung auf konkrete Wissensinhalte ist es möglich zu messen, ob wirklich alle SchülerInnen das Wissensziel erreicht haben und somit dieses Wissen zur Grundlage ihres Weiterlernens machen können.

Erfahrungsräume
Aus den in Kapitel eins skizzierten Kompetenzmodellen geht hervor, dass Kompetenzentwicklung neben dem zugrunde liegenden Vorwissen an Erfahrungen, Fähigkeiten, Fertigkeiten und Werte gekoppelt ist. Daher scheint mir – neben der Wissensvermittlung – noch ein didaktisch-methodischer Aspekt bezüglich

[22] Vgl. Böttcher, im Druck. Böttcher 2005, S. 114.

[23] Böttcher verweist hier auf einen Standard der American Federation of Teachers (AFT) (1996).

[24] Vgl. Böttcher 2005, S. 116ff.

der Unterrichtsgestaltung wesentlich: die Ermöglichung von Probehandeln. Effektiv wäre – aus kompetenztheoretischer Sicht – eine Kombination von inhaltlichen Inputs und das selbstorganisierte Lernen der SchülerInnen unterstützenden Methoden.

Das Einüben neuer Situationen, die praxisgeleitete Umsetzung und Reflexion neuer Inhalte, die Auseinandersetzung mit Werten in Rollenspielen, Übungen, Gruppendiskussionen, Disputationen, forschendes Lernen in Projekten, Simulationen u.v.m. ermöglicht individuelles und gruppenbezogenes Lernen. Die Inszenierung kognitiver und emotionaler 'Erfahrungsräume' durch die/den Lehrer/in wird aus kompetenztheoretischer Perspektive die Fähigkeiten und Fertigkeiten der SchülerInnen stärken und deren explizites und implizites Wissen festigen.

5. Fazit

Folgen wir den Ausführungen zu Kompetenzerwerb, Kognitionspsychologie und Wortschatzforschung, so können wir festhalten, dass Lernen und Kompetenzerwerb auf einem breiten Vorwissen fußen, die lebenslanges Lernen und den damit einhergehenden weiteren Kompetenzerwerb erst ermöglichen. Die Vermittlung eines breit gestreuten Wissens an alle SchülerInnen ist zudem eine wesentliche Grundlage, um herkunftsbedingte Bildungsungleichheit auszugleichen. Klare, knappe, realistische, anspruchsvolle und verbindliche Bildungsstandards liefern das Fundament.

Im Sinne der motivationalen Grundlagen des Kompetenzerwerbs[25] wäre es jedoch verfehlt, die Wissensvermittlung an frontale Unterrichtsformen zu binden. Die Inszenierung kognitiver und emotionaler Erfahrungsräume und Unterrichtsmethoden mit hohen selbstorganisativen Anteilen der SchülerInnen aktivieren die Lernenden. Diese methodischen Ansätze bieten durch das ermöglichte Probehandeln eine gute Grundlage zur Ausprägung von Erfahrungen, Fertigkeiten und Fähigkeiten. Allerdings sollten die Unterrichtsmethoden derart angelegt sein, dass fehlerbehafteter Wissenserwerb vermieden wird, da ein 'Umlernen' wesentlich schwieriger ist, als der Erwerb neuen Wissens.

[25] Argumentativ kann hier auch auf die konstruktivistischen Lerntheorien verwiesen werden.

2.0

Literatur

BÖTTCHER, WOLFGANG: Standards – Konsequenzen der Output-Steuerung für die Lehrerprofessionalität, in: HELSPER, WERNER – BUSSE, SUSANN – HUMMRICH, MERLE – KRAMER, ROLF-TORSTEN: Pädagogische Professionalität in Organisationen. Neue Verhältnisbestimmungen am Beispiel der Schule, im Druck.

BÖTTCHER, WOLFGANG: Starke Standards. Bessere Lernergebnisse und mehr Chancengleichheit, in: Lernende Schule (2003), Heft 24, S. 4-9.

BÖTTCHER, WOLFGANG: Outputsteuerung im Bildungswesen: Vorgaben und Ergebnissicherung, in: BRÄGGER, GEROLD – BUCHER, BEAT – LANDWEHR, NORBERT (HG.): Schlüsselfragen zur externen Schulevaluation, Bern 2005, S. 111-125.

BROHM, MICHAELA: Messtheoretische Überlegungen zur Evaluation von Schlüsselqualifikationen in den Bachelor- und Masterstudiengängen, in: Tagungsband der Hochschulrektorenkonferenz – Kompetenzzentrum Bologna an der Universität Lüneburg, Persönlichkeitsbildung und Beschäftigungsfähigkeit – Konzeptionen von General Studies und ihre Umsetzungen, im Druck.

ERPENBECK, JOHN – VON ROSENSTIEL, LUTZ: Handbuch Kompetenzmessung, Stuttgart 2003.

ERPENBECK, JOHN – SCHARNHORST, ANDREA: PPP-Präsentation: Models of Competencies in the light of self-organization, (QUEM) Qualifikations-Entwicklungs-Management in der Arbeitsgemeinschaft betriebliche Weiterbildungsforschung (ABWF) 2004, http://www.virtualknowledgestudio.nl/en/vks_members/ homepage_andrea_scharnhorst/projects_presentations_reports/models_of_competencies/N:%5CSEC%5 CNERDI%5CWebsite%5Cmodels+of+competencies.pdf (16.10.2006).

HAUN, MATTHIAS: Handbuch Wissensmanagement. Grundlagen und Umsetzung, Systeme und Praxisbeispiele, Berlin – Heidelberg - New York 2002.

HECKHAUSEN: Motivation und Handeln, Berlin – Heidelberg - New York 19892.

HELMKE, ANDREAS – SCHRADER, FRIEDRICH-WILHELM: Hochschuldidaktik, in: ROST, DETLEF H. (HG.), Handwörterbuch Pädagogische Psychologie, 20012, S. 249-254.

HEURSEN, GERD: Kompetenz – Performanz; in: LENZEN, Pädagogische Grundbegriffe, Band 2, Reinbek bei Hamburg 20016, S. 877-884.

HIRSCH, ERIC DONALD JR.,:„Man kann das doch einfach nachschlagen" – Oder etwa nicht? In: BÖTTCHER, WOLFGANG – KALB, PETER E.: Kerncurriculum. Was Kinder in der Grundschule lernen sollen. Eine Streitschrift, Weinheim - Basel 2002, S. 48-63.

SCHAUB, HORST – ZENKE, KARL G.: Wörterbuch Pädagogik, München 2002.

WEINBERG, JOHANNES: Zur Kompetenzdebatte in der Erwachsenenpädagogik und der politischen Bildung. Internet-Veröffentlichung. O.J. http://weiter.bildung.hessen.de/news/1108371796.pdf#search=%22im%20Individuum%20 vorhandene%20Potential%20an%20Wahrnehmung%2C%20Wertung%2C%20Erkenntnisverarbeitung%20 und%20Motivation%22 (18.08.2006).

http://de.wikipedia.org/wiki/Liturgie (17.06.2006).

John Erpenbeck
Wissenswahn und Herzensbildung

Wissen und Werte

Wir leben in einer viel wissenden Gesellschaft. Wissen ist die kleinste und die größte Münze, mit der wir den Fortschritt auslösen. Wir reden vom Wissensmanagement, ja, von der Wissensgesellschaft. Nur: Welches Wissen ist da eigentlich gemeint? Handelt es sich um Sachwissen, das natürlich rasend wächst? Mit ihm, vermutete man einst aufklärerisch, würde die Zukunft zunehmend berechenbar. Konflikte, gar solche weltanschaulicher Art, ließen sich wissentlich vermeiden, und träten sie auf, müsse man sie nur, wie es Leibniz in seinem Traum von einer „characteristica universalis" formulierte, in einer Sprache universal anwendbarer (dualer) Zeichen hinwegrechnen: „Alle Forschungen, die von der Vernunft abhängen, würden über die Umformung solcher Zeichen und einem gewissen Kalkül laufen, was die Erfindung schöner Dinge ungemein vereinfachte. Man müsste sich nicht mehr wie heute den Kopf zerbrechen, wäre aber versichert, alles Machbare auch machen zu können. Und wenn jemand an dem, was ich vorgebracht haben würde, zweifelte, würde ich ihm sagen: Rechnen wir, mein Herr![1]"

Nicht nur das zurückliegende Jahrhundert mit seinen zwei Weltkriegen und teilweise bejubelten Massendiktaturen hat solchen Wissenswahn vernünftiger Skepsis weichen lassen. Es gibt zumindest ein quantitatives und eine qualitatives Argument gegen jeglichen Wahn von einem Wissen im engeren, im Sach-Sinne.

Das quantitative Argument hat Jürgen Mittelstraß mit seiner Zuspitzung des Bildes von einer Wissenskugel sehr anschaulich erfasst: „Das kann man, im Anschluss an eine schon bei dem Philosophen und Mathematiker Blaise Pascal (wenn auch in anderem Zusammenhang) auftretende Metapher, auch in einem Bild formulieren: Das (wissenschaftliche) Wissen ist eine Kugel, die im All des Nichtwissens schwimmt und beständig größer wird. Mit ihrem Wachsen vergrößert sich ihre Oberfläche und mit dieser vermehren sich auch die Berührungspunkte mit dem Nichtwissen. Dieses Bild, das die Vorstellung einer Begrenzung des Wissens nicht kennt, lässt zwei Deutungen zu, deren eine man als eine pessimistische und deren andere man als eine optimistische Deutung bezeichnen könnte. Die **pessimistische** Deutung besagt – und hier ist eine kleine schulmathematische Erinnerung nützlich, aber tröstlicherweise auch nicht vonnöten: Wenn es der **Radius** der Kugel ist, der das Wissen repräsentiert, dann wächst bei Vergrößerung der Kugel die Oberfläche schneller als der Radius, nämlich mit der 2. Potenz. Also wächst das Nichtwissen schneller als das Wissen, oder anders formuliert: Die (wissenschaftliche) Forschung produziert ein schnelleres Wachstum des Nichtwissens als des Wissens. Ein verblüffendes, aber durchaus – jedenfalls auf die hier verwendete elementare Mathematik bezogen – korrektes Resultat. In der **optimistischen** Deutung wäre es dann nicht der Radius, sondern das **Volumen** der Kugel, das das Wissen repräsentiert. Wenn die Kugel wächst, dann wächst ihr Volumen schneller als ihre Oberfläche, nämlich mit der 3. Potenz des Radius. In diesem Falle produziert die (wissenschaftliche) Forschung zwar ebenfalls immer mehr Nichtwissen, aber das Wissen wüchse trotzdem schneller als das Nichtwissen. Für welche Deutung unserer Wissenskugel man sich auch entscheidet, eines ist jedenfalls in diesem Bild und wohl auch in der Erfahrung des Wissenschaftlers klar: Das wachsende Wissen macht die Welt des noch nicht Gewussten, des noch nicht Erforschten nicht etwa kleiner, sondern sogar größer".[2]

[2] Mittelstraß 2001, S. 120.

Das qualitative Argument ist in gewisser Weise noch radikaler. Die Welt des Nichtgewussten vergrößert sich danach nicht allein durch die Zunahme des Gewussten, in dem man nach diesem Bilde nur immer weiter fortschreitet. Aufgrund der Kontingenz, also der prinzipiellen Offenheit und Ungewissheit individueller menschlicher Lebenserfahrungen und einer sozialen Welt, die so, wie sie ist, weder zufällig noch notwendig ist, entsteht ständig und unvorhersehbar qualitativ Neues. Es entsteht durch physikalische, chemische, biologische (Evolution), individuell psychische und physische sowie soziale Selbstorganisation von und in komplexen Systemen. Und auch unsere Wahrnehmung der Welt ist kontingent, beruht sie doch auf Unterscheidungen und Konstruktionen, welche auch anders hätten sein und gemacht werden können und die sich ständig ändern. Das beschreibt sehr anschaulich die grundlegende kulturwissenschaftliche Sicht von Siegfried J. Schmidt.[3]

[3] Vgl. bspw. Schmidt, S.J.: Kalte Faszination. Medien, Kultur, Wissenschaft in der Mediengesellschaft, Weilerswist 2000.

Alles, was wir erkennen, können wir nur in Form von Identität und Unterschied erkennen. Dabei sind die „Dinge" eben nicht „naturgegeben", sondern stets Produkte einer Invariantenbildung im menschlichen Denken und Handeln.[4] Die entsprechend aus Dingen, Eigenschaften und Relationen aufgebaute „Realität" ist in der Tat eine Wirklichkeitskonstruktion um handeln zu können, nicht ein

[4] Erpenbeck 1983.

Wirklichkeits„abbild". Das von Schmidt entwickelte Kulturkonzept beruht nun auf einer spezifischen „Distinktionstheorie". Distinktionen sind Verschiedenheitsfeststellungen an umfassenderen Identitäten. Sie können in zwei Formen auftreten: als **Differenzen** konstatieren sie Verschiedenheiten an Identitäten (das Bügeleisen, als immer identischer Gegenstand, kann im Sinne einer Differenz heiß oder kalt sein); als **Unterscheidungen** bewerten sie die konstatierten Differenzen (nur das heiße Bügeleisen ist nützlich). Bis zu diesem Punkt ließe sich eine entsprechende Distinktionstheorie übrigens auch für tierisches Verhalten aufbauen. Erst wenn man Distinktionen als Positionen im semantischen Raum eines – stets sozial entwickelten – Wirklichkeitsmodells deutet, betritt man den Bereich menschlichen Handelns, Erfahrens und Denkens. Im Handlungs- und Kommunikationsprozess werden immer weitere Operationen des Differenzbildens, Unterscheidens und Benennens vorgenommen.

Analytisch kann man nun die Resultate dieser Operationen in zwei grundlegende Bereiche trennen.

Die Gesamtheit der seitenneutralen, also wertneutralen Differenzen konstituiert ein sozial erarbeitetes Wirklichkeitsmodell (W), eine sozusagen „wertfreie" Beschreibung dessen, wie die Wirklichkeit oder Wirklichkeitsausschnitte gedacht werden. Ein solches Wirklichkeitsmodell ist die Voraussetzung jedes sinnvollen Handelns.

Davon ausgehend können Handlungen in wertenden Unterscheidungsakten als mehr oder weniger genussbringend (hedonistisch), nützlich oder schädlich (utilitaristisch), Schönes oder Hässliches hervorbringend (ästhetisch), moralisch oder unmoralisch (ethisch), soziale Strukturen, den sozialen Fortschritt fördernd oder hemmend (politisch) unterschieden und beurteilt werden. Die Gesamtheit der die Differenzenseiten asymmetrisierenden, bewertenden Unterscheidungen spannt ein sozial erarbeitetes Kulturprogramm (K) auf. Während das Wirklichkeitsmodell die Basis des Handelns darstellt, sind das Kulturprogramm und seine Werte Ordner des Tuns, des Handelns.

Wirklichkeitsmodell und Kulturprogramm bedingen einander: Differenziert wird nur, was verhaltens- und handlungsmäßig wichtig ist, gehandelt werden kann nur angesichts bewerteter, kulturell eingebetteter Differenzen. Wirklichkeitsmodell und Kulturprogramm entwickeln sich aufeinander bezogen, co-evolvieren, co-emergieren. Sie bilden einen Wirkungszusammenhang (W&K). Während zahlreiche Wirklichkeitsmodelle vielen Menschen gemeinsam und oft unstrittig sind, unterscheiden sich die Kulturprogramme oft radikal. Sie sind die kulturelle Identität stiftenden Bestandteile des Wirkungszusammenhangs W&K.

Wirklichkeitsmodell und Kulturprogramm sind durch das physische und kommunikative Handeln des Menschen unauflöslich miteinander verwoben. Zwischen dem Wirklichkeitsmodell und dem Kulturprogramm vermittelt ein ständiger, die Unterscheidungsseiten symmetrisierender, ent-wertender Erkenntnisprozess und ein die Differenzseiten asymmetrisierender Wertungsprozess. Die Resultate des ersteren sind Termini, Aussagen, Operatoren und daraus zusammengesetzte Gebilde wie Beschreibungen, Theorien, Metatheorien. Die Resultate des letzteren sind Werte, Normen und Regeln, die in das Kulturprogramm eingehen und die sich in verschiedensten Formen wie Kunstwerken, Architekturen, Moden usw. materialisieren. Der Wertungsprozess gehört zum kulturellen Prozess hinzu – es gibt keine Wertungsresultate ohne Wertungsprozesse.

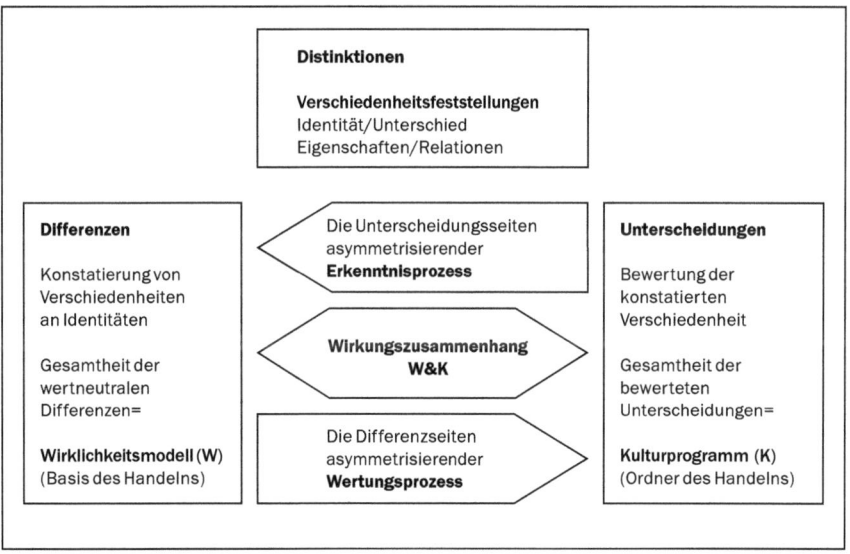

S. J. Schmidt 2003

In einer solchen Welt des Wechselspiels von Wirklichkeitsmodell und Kulturprogramm, von doppelter Kontingenz und vielfacher Selbstorganisation muss der Mensch ständig Entscheidungen treffen und handeln. Das kann er nur aufgrund und mit Hilfe von Wertungsprozessen und ihren Resultaten, den Werten. Werte sind damit nicht nur hohe Ideale und hehre Zielvorgaben, sie sind Entscheidungsstützen im Alltag. Sie durchdringen den Alltag kaum wahrnehmbar.

3.0

Wertewandel

Erst bei massiven Werteveränderungen, Werteschüben wird das Wertproblem selbst deutlich. Am entscheidensten angesichts der großen „Sattelzeit" der sechziger, siebziger Jahre des neunzehnten Jahrhunderts. Ich verweile einen Moment in dieser Zeit, weil hier die Grundlagen für viele Überlegungen entstanden, die uns noch heute beschäftigen.

Dort geschah eine Akzentverschiebung mit weitreichenden Folgen die Jürgen Habermas so einleuchtend skizziert, dass man seine Überlegungen zum Ausgangspunkt nehmen kann. Mit einem ersten Schub in der Renaissance, mit einem zweiten, gewaltigeren ab Mitte des 17. Jahrhunderts beginnt sich die moderne Naturwissenschaft zu entwickeln. Der vordem schmale Bereich des Wissenschaftlichen dehnt sich aus, differenziert und strukturiert sich. Die Folgen sind unabsehbar, reichen ins Heute hinein. Der philosophische Diskurs der Moderne beginnt.

Drei zusammenhängende Momente sind es vor allem, die gänzlich neue Perspektiven eröffnen: Das **erste** ist die konsequente Trennung von Subjekt und Objekt im wissenschaftlichen Erkenntnisprozess mit ihren Weiterungen: Einerseits dem tiefen Nachdenken über die Bedingungen der Möglichkeit von Erkenntnis, also dem neu gefassten Erkenntnisproblem, der Objektivitäts- und der Wertfreiheitsfrage, dem Auseinanderklaffen von Wissen und Glauben; andererseits der neuen Rolle des Subjekts, seiner kreativen Autonomie, seinen Freiheitsgraden, seiner Kommunikations- und Gestaltungsfähigkeit. Hegel entdeckt – so Habermas – als erster das philosophische Problem der Herauslösung der Moderne aus den „Normsuggestionen der Vergangenheit"[5], er entdeckt als das „Prinzip der neuen Zeit – die Subjektivität" mit dem Grundprinzip der Freiheit der Subjektivität, deren wesentliche Seiten sich in der geistigen Totalität entwickeln. Konnotationen der Subjektivität sind Individualismus, Recht der Kritik, Autonomie des Handelns, reflexiver Selbstbezug und schließlich auch die idealistische Philosophie selbst.[6] Das erkennende Subjekt wird frei durch die Erkenntnis der Natur, die nun, „entzaubert", als System bekannter und erkannter Gesetze erscheint.[7] Die Zukunft wird damit innerhalb enger Grenzen voraussehbar und gestaltbar, was die zutage tretende prinzipielle Zukunftsoffenheit außerhalb dieser Grenzen kompensieren hilft. „In der Moderne verwandeln sich also das religiöse Leben, Staat und Gesellschaft, sowie Wissenschaft, Moral und Kunst in ebenso viele Verkörperungen des Prinzips der Subjektivität."[8]

[5] Habermas 1988, S. 26.

[6] Habermas 1988, S. 27.

[7] Habermas 1988, S. 28.

[8] Habermas 1988, S. 29.

Das **zweite** Moment der neuen Perspektive ist das machtvoll einsetzende neuartige Entwicklungsdenken in seinen verschiedenen Formen, einerseits auf die Entwicklung der Subjektivität, andererseits auf soziale Entwicklungen bezogen. Von Seiten der Subjektivität sind bereits Handlungsautonomie, Freiheit, Gestaltungsfähigkeit, Reflexivität, Selbstbezug und Selbstentwicklung als Stichworte genannt – typische Attribute jeder Selbstorganisation. Damit gehören einerseits Subjektivität und Willensfreiheit, andererseits die Selbstorganisation des Denkens und Handelns sowie die Offenheit der Zukunft für substantielle und geistige Entwicklung zum gleichen Themenkreis. Aber auch sozialhistorische Entwicklungen werden nun als zur Zukunft hin offen, durch Umwälzungen gestaltbar begriffen: „Weil sich die neue, die moderne Welt von der alten dadurch unterscheidet, dass sie sich der Zukunft öffnet, wiederholt und verstetigt sich der epochale Neubeginn mit jedem Moment der Gegenwart, die Neues aus sich gebiert."[9] Begriffe wie Revolution, Fortschritt, Emanzipation, Krise, Zeitgeist, Entwicklung markieren Selbstorganisationsprozesse auf der sozialhistorischen Ebene. Es handelt sich, in dieser Sicht, um selbstorganisative Prozesse von Systemen, die ihrerseits aus selbstorganisativen Systemen und Subsystemen bestehen. Das kommunikative Handeln innerhalb der Systeme und zwischen Systemen und Subsystemen wird zur entscheidenden Voraussetzung. Habermas hat den Terminus nicht nur in das philosophische Sprechen eingeführt, sondern auch zahlreiche Belege der Werte- und Normenkommunikation von der gesamtgesellschaftlichen bis hin zur individuellen Ebene analysiert.[10] Die Selbstorganisation des Systems Wissenschaft haben Krohn und Küppers auch in Richtung kommunikativen Handelns eingehend untersucht und dabei die Rolle der Wertekommunikation hervorgehoben.[11] Wertekommunikation und Wertewandel auf der Ebene des Individuums werden heute innerhalb der modernen Anthropologie und der Kommunikationswissenschaften behandelt.[12]

[9] Habermas 1988, S. 15.

[10] Habermas 1981.

[11] Krohn – Küppers 1989.

[12] Erpenbeck 1995.

Das neuartige Entwicklungsdenken hat, **drittens**, einen entscheidenden Einfluss auf den Wandel des Zeitverständnisses. Nicht die ewige Wiederkehr des Gleichen, sondern eine radikale Asymmetrie zwischen delegitimiertem Vergangenem und offen Zukünftigem, durch die transitorische Gegenwart verbunden, wird vorherrschend; der zukunftsorientierte Blick richtet sich aus der Gegenwart in eine Vergangenheit, die als Vorgeschichte der Gegenwart angesehen wird. Selbst bei Heidegger, „selbst in der zum Existential der Geschichtlichkeit geronnenen Struktur (ist) eines noch deutlich zu erkennen: der zur Zukunft geöffnete Horizont gegenwartsbestimmter Erwartungen dirigiert unseren Zugriff auf Vergangenes. Indem wir uns vergangene Erfahrungen zukunftsorientiert aneignen, bewährt sich die authentische Gegenwart als Ort von Traditionsfortsetzung und Innovation ..."[13] Es ist ein Verständnis, das nicht einen mechanisch kontinuier-

[13] Habermas 1988, S. 23.

3.0

lichen Zeitablauf voraussetzt, sondern einen in der Zeit ablaufenden Prozess mit ständig sich neu auftuenden Entscheidungsmöglichkeiten, mit einmaligem und unvorhersehbar kreativem Denk- und Handlungsgeschehen. Erinnert man sich an die bekannten Bilder selbstorganisativer „Bifurkationen", hat man eine schöne Illustration des neuen Zeitverständnisses. Es ist ein Verständnis von Zeit und Entwicklung, das der von Dijksterhuis so plastisch benannten und beschriebenen „Mechanisierung des Weltbildes"[14], die sich von 1600 an, vor allem aber seit Erscheinen von Newtons „Principia" 1687, bis 1900 immer durchgreifender vollzieht, diametral entgegengesetzt ist. Vielleicht trifft es den Kern des sich vollziehenden Wandels am besten, von einer Entmechanisierung des Weltbildes zu sprechen.

[14] Dijksterhuis, E.J., Die Mechanisierung des Weltbildes, Berlin 2002.

Die wichtigste Folge dieser drei im Selbstorganisationsmodell kohärent fassbaren Momente des philosophischen Diskurses der Moderne, – Subjektivität, neuartiges Entwicklungsdenken und Wandel des Zeitverständnisses – ist aus wertphilosophischer Sicht eine gänzlich neue Einstellung zu Werten und Normen.

Die bereits erwähnte Herauslösung der Moderne aus den „Normsuggestionen der Vergangenheit" fasst diesen Einstellungswandel in eine suggestive Metapher. Die Säkularisierung der Werte und Normen führt zugleich zu ihrer Vervielfachung und Schwächung. Das Prinzip von subjektiver Freiheit und Reflexion kann die religiöse Wertdominanz untergraben, die Spaltung von Wissen und Glauben herbeiführen, aber kein neues, gesellschaftsstabilisierendes Wertgefüge gewinnen. Die Moderne lebt die Werte und Normen der Vergangenheit nicht weiter, sie schöpft ihre „Normativität aus Spiegelbildern herbeigezogener Vergangenheiten"[15]. Die Vergangenheit ist nicht mehr das, was sie einmal war: die durch die Modernisierung bewirkte Entgeschichtlichung der Wirklichkeit wird durch die Entwicklung eines unmäßigen Sinnes für Geschichte mit seinen konservatorischen Aktivitäten nur kompensiert: „Keine Zeit hat soviel zerstört, wie die Moderne; keine Zeit hat soviel bewahrt wie die Moderne; durch Entwicklung von Fertigkeiten, immer mehr Herkunft in die Zukunft mitzunehmen."[16] Die Vergangenheit, die verschiedensten historischen Lebensformen, Religionen und Quasireligionen, Wert- und Normensysteme dienen nicht als Vorbild, sondern nur noch als „Steinbruch" für immer neue wertgeprägte Orientierungsversuche.

[15] Habermas 1988, S. 21.

[16] Marquard 1986.

Mit der Lösung von Vergangenheit und Wertüberlieferung und mit der Betonung der Subjektivität entsteht das bis heute fortwirkende Problem, **wie** sich ständig neue, geschichts- und gesellschaftsstützende Werte entwickeln, **wie** sich aus Subjektivität und Selbstbewusstsein stetig verändernde und doch strukturebewahrende Wertmaßstäbe gewinnen lassen. Maßstäbe, die der modernen Welt entnommen sind, aber zugleich ihrer Stabilisierung und der Orientierung in ihr dienen. In Wirklichkeit kann und will die Moderne nämlich „ihre orientierenden Maßstäbe nicht mehr Vorbildern einer anderen Epoche entlehnen, **sie muss ihre Normativität aus sich selber schöpfen.** Die Moderne sieht sich ohne Möglichkeit der Ausflucht, an sich selber verwiesen. Das erklärt die Irritierbarkeit ihres Selbstverständnisses, die Dynamik der ruhelos bis in unsere Zeit fortgesetzten Versuche, sich selbst ‚festzustellen'[17]" Das Verständnis der Komplementarität von strukturbewahrenden, stabilitätsorientierten, Instabilitäten überwindenden und von evolutionären, strukturverändernden, lernfähigen Organisationsprozessen ist übrigens eine zentrale Aufgabe der Untersuchung von Selbstorganisationsprozessen in sozialen Systemen[18], was auf andere Weise die betonte **Verbindung von Selbstorganisations- und Wertproblematik** bestätigt.

[17] Habermas 1988, S. 16.

[18] Probst 1987, S. 64ff.

Den bisher beschriebenen Vorgang des Wertewandels in der Moderne kann man in einer von Kosellek geprägten, auch von Habermas herangezogenen Formel zusammenfassen: Es handelt sich, kurz gesagt, um die **Verschiebung des Werthorizonts von der Vergangenheit in die Zukunft.**

Was ist damit gemeint? Kosellek hat in seinem Buch mit dem schönen Titel „Vergangene Zukunft" die historische Entwicklung unserer Zukunftsvorstellungen untersucht; ein für die Wertproblematik besonders ergiebiges Kapitel befasst sich mit der Analyse des Verhältnisses von „Erfahrungsraum" und „Erwartungshorizont" angesichts des neuzeitlichen Fortschrittsdenkens und der unübersehbaren wissenschaftlich-technischen, ökonomischen und politischen Beschleunigung. Seine Sicht ist, wie bereits erwähnt, dass zunächst – bis etwa zur Mitte des 17. Jahrhunderts – Erwartungen, die über alle bisherigen Erfahrungen hinauswiesen, nicht auf diese Welt, sondern auf das sogenannte Jenseits bezogen waren.[19] Damit war die aus der Vergangenheit gewonnene Erfahrung handlungsbestimmend. Die handlungsleitenden Normen und Werte ruhten auf eben dieser Erfahrung, sie gehörten zum **Erfahrungsraum.** Den charakteristischen Veränderungsprozess in der Neuzeit beschreibt Kosellek nun so: „Neu war, dass sich jetzt die in die Zukunft erstreckenden Erwartungen von dem ablösten, was alle bisherigen Erfahrungen geboten hatten. Und was an neuen Erfahrungen seit der Landnahme in Übersee und seit der Entfaltung von Wissenschaft und Technik hinzukam, das reichte nicht mehr hin, um künftige Erwartungen daraus abzuleiten. Der Erfahrungsraum wurde seither nicht mehr durch den Erwartungshorizont umschlossen, die Grenzen des Erfahrungsraumes und der Horizont der Erwartung traten auseinander." Damit wurden Zukunftsprognosen immer weniger aus den Erfahrungen der Vergangenheit ableitbar, Zukunft wurde zunehmend als wirklich offen, neu und emergent angesehen.

[19] Konsellek 1979, S. 361.

3.0

Der Fortschrittsbegriff brachte die sich erweiternde zeitliche Differenz zwischen Erfahrung und Erwartung auf den Punkt. Zugleich verändert sowohl die Beschleunigung politisch-sozialer wie wissenschaftlich-technischer Prozesse die Zeitrhythmen und Zeitspannen der Lebenswelt. Damit wird nicht nur die Kluft zwischen Vergangenheit und Zukunft immer größer, „auch die Differenz zwischen Erfahrung und Erwartung muss dauernd neu, und zwar auf immer schnellere Weise überbrückt werden, um leben und handeln zu können."[20] Dadurch wird die in die Zukunft projizierte Erwartung handlungsbestimmend. Die handlungsleitenden Normen und Werte stützen sich auf eben diese Erwartung, sie gehören zum **Erwartungshorizont**. Besonders wirkungsreiche Prägungen, wie „Republikanismus", „Demokratismus", „Liberalismus", „Sozialismus", „Kommunismus", „Faschismus" enthielten während ihrer Prägung einen geringen oder gar keinen Erfahrungsgehalt. Sie dienten jedoch dazu, in einer Zeit, in der die lebensweltverändernden wissenschaftlichen, technischen, industriellen und politischen Umwälzungen der Gesellschaft sich auf die Spanne des einzelnen Menschenlebens oder sogar nur weniger Lebensjahre verkürzten, soziale Handlungen unter neuen Parolen, neuen Norm- und Wertvorstellungen zu organisieren.[21] Solche Wertvorstellungen wurden oft mit quasiwissenschaftlichen Argumenten begründet – man denke an naturrechtliche Freiheitsargumente, an wirtschaftsliberale Vorstellungen, an den historischen Materialismus oder an rassentheoretische Auslassungen. Aber dies verdeckt eigentlich nur, dass Werte gerade dann benötigt werden, wenn ein **Handeln unter Unsicherheit** notwendig ist, also Prognosen, gegründet auf wissenschaftliche Erfahrung, nicht mehr möglich sind. Je geringer die – handlungsbegründende – Erfahrung, desto größer die – handlungsleitende – Zukunftserwartung[22], – desto wichtiger und flehentlicher eingefordert die – handlungsermöglichenden – Werte, die sich aus der Zukunftserwartung ableiten: So ist die Entstehung der Werttheorie aus den Entwicklungen der Neuzeit in vollkommener Übereinstimmung mit dem zuvor Diskutierten zu verstehen. Nicht nur die Entwicklung der Wissenschaft lässt sich damit als selbstorganisativer Prozess charakterisieren, auch die Entwicklung von Werten und Normen wird, wie aus Argumenten der Komplexitätstheorie zu folgern, als selbstorganisativer Prozess beschreibbar.

Wissen im engeren und weiteren Sinne

Das verweist deutlich auf die handlungsermöglichende Rolle von Werten. Wir haben es nämlich, wenn wir von Wissen reden, in Wirklichkeit mit zwei völlig unterschiedlichen Begriffsformen zu tun: Einem **Wissensbegriff im engeren Sinne**, dem die sprachlogischen Elemente Termini, Aussagen, Operatoren zuzuordnen

[20] Konsellek 1979, S. 369.

[21] Konsellek 1979, S. 373f.

[22] Konsellek 1979, S. 374.

sind, der weiterhin Daten als Einzelinformationen innerhalb umfassenderer Informationssysteme einbezieht, was stets Bezugsinformationen in Gestalt von geordneten Datennetzen und Theorien voraussetzt und dem Informationen als kontextbezogene verknüpfte Daten zuzurechnen sind. Er umfasst vor allem Sachwissen und Methodenwissen.

Dem wäre ein **Wissensbegriff im weiteren Sinne** entgegenzusetzen, der meint: „Wir wissen alles, was wir je gelernt (und nicht vergessen) haben. Das schließt auch einige Fertigkeiten ein, wie Gehen und Essen, die zwar in Instinkten wurzeln, jedoch geübt und kontrolliert werden müssen, um beherrscht zu werden. Nicht zum Wissen gehören dagegen die angeborenen Reflexe ... Kurz, das Gesamtwissen eines Lebewesens besteht in dem, was es gelernt hat. Und das Wissen einer Spezies besteht in der Gesamtheit all dessen, was sich ihre Angehörigen zu eigen gemacht haben."[23] Daraus folgt: „Wissen entsteht in den Köpfen der Menschen, indem Informationen wahrgenommen, bewertet und mit subjektiven Erfahrungen in Beziehung gesetzt werden."[24] Dieses Wissen im weiteren Sinne enthält zumeist unter Gesichtspunkten von Wahrheit, Nützlichkeit, Schönheit, ethischer und politischer Relevanz bewertete Information. Es ist nicht auf die Information zu reduzieren, es umfasst mehr und anderes. Danach wären natürlich auch Werte, Emotionen, Motivationen, Urteile wie Vorurteile Wissen.

[23] Bunge - Ardila, 1990.

[24] Fraunhofer ISST (1998): Jahresbericht.

Was sind Werte?

Diese Frage hat sich die Philosophie überraschenderweise erstmals mit der beschriebenen großen „Umwertung aller Werte" in der zweiten Hälfte des 19. Jahrhunderts gestellt. So charakterisiert Nietzsche um 1886 seine Zeit als eine des Werteverfalls: „Das Auseinanderfallen, also die Ungewissheit ist dieser Zeit eigen: Nichts steht auf festen Füßen und hartem Glauben an sich: man lebt für morgen, denn das Übermorgen ist zweifelhaft. Es ist alles glatt und gefährlich auf unserer Bahn, und dabei ist das Eis, das uns trägt, so dünn geworden: wir fühlen alle den warmen unheimlichen Atem des Tauwindes – wo wir noch gehen, da wird bald niemand mehr gehen können ... Diese Zukunft redet schon in hundert Zeichen, dieses Schicksal kündigt überall sich an; für diese Musik der Zukunft sind alle Ohren bereits gespitzt. Unsere ganze europäische Kultur bewegt sich seit langem schon mit einer Tortur der Spannung, die von Jahrzehnt zu Jahrzehnt wächst, wie auf eine Katastrophe los: unruhig, gewaltsam, überstürzt: einem Strom ähnlich, der ans Ende will, der sich nicht mehr besinnt, der Furcht davor hat, sich zu besinnen."[25]

[25] F. Nietzsche: Die Fragmente von Frühjahr 1884 bis Herbst 1885. [Dokument: Heft] [Frühjahr 1884] 25 [1] Die ewige Wiederkunft. Eine Wahrsagung.

3.0

Vorher gab es natürlich Theorien einzelner Wertbereiche – Ökonomik, Ästhetik, Ethik, Politik – aber keine zum generellen Charakter von Werten. Ab etwa 1860 bis ca. 1930 entwickelte sich dieser Zweig der Philosophie machtvoll und kann durch Namen wie Lotze, Nietzsche, Brentano, Rickert, Husserl, Meinong, Ehrenfels, Scheler, Spranger, Kraft, Messer, Heyde und viele andere gekennzeichnet werden. Durch viele Bewegungen und Gegenbewegungen hindurch haben sich einige **Essentials** modernen Wertverständnisses herausgebildet. Ich will sie kurz zusammenfassen.

(a) Werte sind im allgemeinsten Sinne **Bezeichnungen** dafür, „was aus verschiedenen Gründen aus der Wirklichkeit hervorgehoben wird und als wünschenswert und notwendig für den auftritt, der die Wertung vornimmt, sei es ein Individuum, eine Gesellschaftsgruppe oder eine Institution, die einzelne Individuen oder Gruppen repräsentiert."[26] Sie sind damit stets das geistig-symbolische Resultat von Wertungsprozessen (= Wertungen), also Wertungsresultate.

[26] Baran 1991, S. 805ff.

(b) Werte haben immer eine **Struktur**, sie verknüpft das Beziehungsfeld Subjekt der Wertung, Objekt der Wertung, Grundlagen der Wertung (wozu auch alle Kenntnisse gehören) und Maßstäbe der Wertung mit Prädikaten zu Wertaussagen:

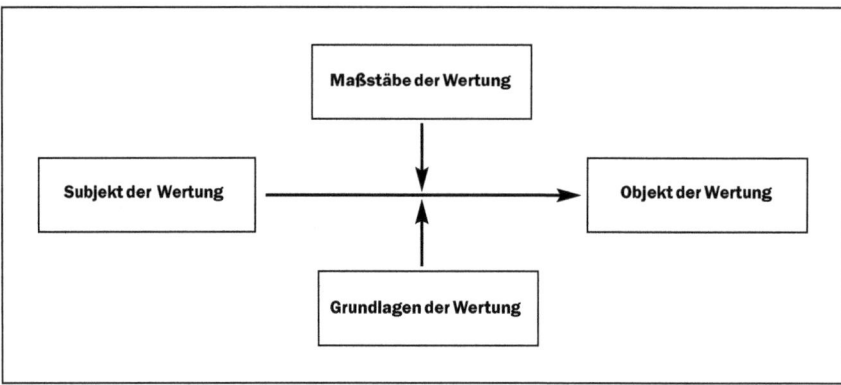

(c) Damit gibt es eine große Fülle von Werten, nämlich
- alle sprachlich gefassten oder sprachlich fassbaren Wertungsresultate, die explizit Empfindungen, Gefühle, Wünsche, Vermutungen, Zweifel, Befürchtungen, Hoffnungen, Bedürfnisse, Interessen, Einstellungen, Meinungen, Haltungen, Ansichten, Überzeugungen, Vorurteile, Ablehnungen usw. enthalten, die

- von Wertungssubjekten – Menschen oder Menschengruppen – hervorgebracht wurden (Individuen, Familien, Arbeitsgruppen, Gemeinschaften, Schichten, Klassen, Völker, Nationen, Staaten usw.) und die
- bezogen sind auf die Wertungsarten Genuss (hedonistische Werte), Nützlichkeit (utilitaristische Werte), Schönheit (ästhetische Werte), Moral (ethisch-moralische Werte), Politik (politisch-weltanschauliche Werte) usw.

(d) Die Grundfunktion von Werten, so hatte ich bereits umrissen, besteht in der Ermöglichung von Handeln in einer hochkomplexen, selbstorganisativen Welt. Die Zukunft ist (aufgrund unendlicher Struktur-, Bewegungs- und Entwicklungszusammenhängen und Selbstorganisation) objektiv offen. Von ihr sind unter keinen Umständen vollständige Kenntnisse zu gewinnen. Werte als – meist sozial erarbeitete – „Ordner" des Handelns ermöglichen ein Handeln unter der resultierenden prinzipiellen kognitiven Unsicherheit. Sie „überbrücken" oder ersetzen fehlende Kenntnisse, schließen die Lücke zwischen Kenntnissen einerseits und dem Handeln andererseits. Sie haben zuweilen den Charakter extrapolativen Scheinwissens, abergläubischer Gewissheit. Das reicht bis zum Glauben als bewertetem Nichtwissen.

(e) Werte können, wie erwähnt, als Ordnungsparameter (Ordner) selbstorganisierter komplexer biotischer, individueller, gruppenförmiger oder aggregierter sozialhistorischer Systeme aufgefasst werden. Diese Ordner bestimmen oder beeinflussen zumindest stark die individuell-psychische und sozial-kooperativ-kommunikative menschliche Selbstorganisation und ermöglichen eben damit jenes Handeln unter prinzipieller kognitiver Unsicherheit.[27]

[27] Haken 1996, S. 590.

Wertinteriorisation

Das eigentliche Kernproblem aller Wertbetrachtung ist nun, wie Werte angeeignet, zu eigenen Emotionen und Motivationen umgewandelt, „interiorisiert" werden. Werte bleiben unwirksam, wenn sie nicht in Form von eigenen Emotionen und Motivationen das Handeln leiten. Es ist leicht, Wertekataloge – Gebote, Normen, Unternehmenswerte usw. – wie Sachwissen weiterzugeben und sie so lernen zu lassen. Es handelt sich dann um „bloß gelernte", aber nicht interiorisierte Werte. So wie jeder seine Erfahrungen selbst machen muss, wie man eigene Erfahrungen nicht „lehren" kann, so ist es auch mit den Werten. Der Interiorisationsprozess verlangt aber, auch in den einfachsten Fällen, die Erzeugung kognitiver Dissonanzen, emotionaler Labilisierungen. Man kann sich den Vorgang sehr vereinfacht so veranschaulichen:

Interiorisationsprozess

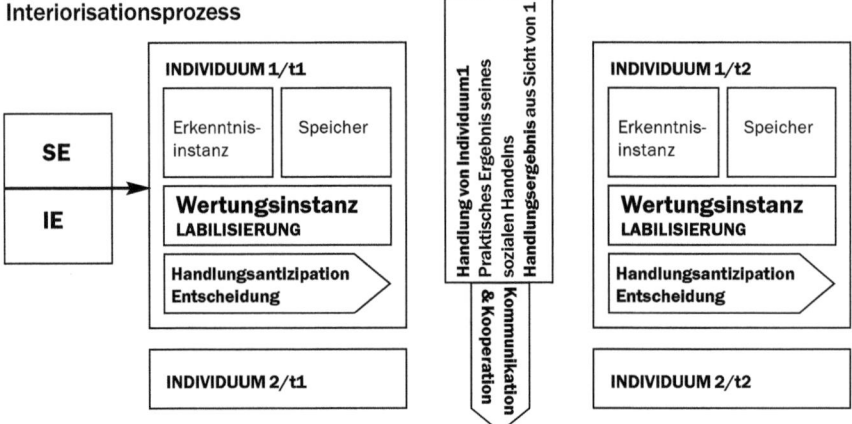

[28] Erpenbeck – Weinberg
1993.

Anknüpfend an eine allgemeinpsychologische, vor allem an unterschiedlichen Emotions- und Motivationstheorien (S-R-Theorien, Erwartungswerttheorien, Attribuierungstheorien, Dissonanztheorien, intentionale Theorien, soziale Theorien) orientierte Darstellung individueller **Wertinteriorisation**[28] findet man folgende Grundelemente:

(a) Ausgangspunkt ist stets die Existenz **bereits interiorisierter** oder „bloß gelernter" Werte (z.B. hedonistischer, utilitaristischer, ethischer, politischer usw., als Individual-, Gruppen-, Schichten-, Klassen-, National- u.a. Werte gefasst) die zuvor in verschiedenen sozialen Prozessen von Praxis, Arbeit, Spiel, wissenschaftlicher oder künstlerischer Tätigkeit, Unterricht usw. gewonnen wurden.

(b) Das Individuum sieht sich ständig vor individuelle Entscheidungssituationen (IE), aus sozialen Entscheidungssituationen (SE, in Arbeit, Freizeit, Familie, Organisationen usw.) herrührend, gestellt. Es muss sich unter Freiheit und Selbstverantwortung zu instrumentellem und/oder kommunikativem (zeichenvermitteltem) Handeln entscheiden. Im Mittelpunkt stehen hier solche Entscheidungssituationen, die nicht rein kognitiv – „algorithmisch", allein unter Zuhilfenahme des bereits akkumulierten Wissens, auch nicht unter Rückgriff auf bereits interiorisierte Werte als „Entscheidungsleitlinien", gelöst werden können. Das führt zu beträchtlicher **kognitiver Dissonanz**, zur **Labilisierung** und **Instabilität** des inneren Zustandes durch Ungewissheit zu einem inneren **Widerspruch**. Der ausgelöste **emotionale Spannungszustand** ist die entscheidende Voraussetzung jeder Interiorisation: Je größer das emotionale Gewicht, desto tiefer werden die zur Auflösung der Dissonanz führenden Werte später im „Grund der Seele" verankert.

(c) Da die Entscheidungen unter kognitiver Dissonanz, Labilisierung und Insta-bilität gefällt werden müssen, **löst sich die Verklammerung** von bereits in Form von Emotionen und Motivationen interiorisierten Werten und **zugehörigem theo-retischen- und Handlungswissen** und/oder es werden situationsadäquate neue Werte gleichsam probehalber entwickelt.

(d) Führt die getroffene Entscheidung und entscheidungsgemäße Handlung, meist im Rahmen sozialer Kooperation und Kommunikation, in Form einer tatsächlichen oder geistigen Handlung ausgeführt, zum Erfolg, d.h. wird das Handlungsergebnis zunächst individuell, später auch in sozialer Kommunikation als erfolgreich eingeschätzt, kommt es zu einer neuen **komplexen Abspeiche-rung von Wissen, Entscheidung, Handlungsergebnis, zusammen mit den zum Handlungserfolg führenden Werten.** Aufgrund der vorangegangenen Dissonanz und Labilisierung verankert der Handlungserfolg diese Werte tief im **emotiona-len** Grund. Genau in diesem Fall sprechen wir von einer **Interiorisation** der Werte.

(e) Die Einschätzung einer physischen oder kommunikativen Handlung **als** er-folgreich setzt eine entsprechende **Wertkommunikation** in der unmittelbaren Bezugsgruppe des Handelnden voraus.

(f) Die Interiorisation der neuen Werte ermöglicht **neue Handlungsantizipationen** und ein ihnen entsprechendes **neues** physisches und kommunikatives **Handeln** bei vergleichbaren sozialen und individuellen Entscheidungssituationen unter kognitiver Unsicherheit, wie sie ursprünglich zur emotionalen Labilisierung und der darauf aufbauenden Interiorisation neuer individueller Werte führten.

(g) Die interiorisierten **Werte** werden schließlich **sozial kommuniziert** – bis hin zur Entstehung eines „sozialen Mittelwertes" in Form von Normen- und Wertesyste-men, deren Durchsetzung mit Hilfe von Sanktionen und Institutionen befördert wird und die damit auf weitere Interiorisationsprozesse rückwirken.

Will man einen Lehr-Lernprozess daraufhin abklopfen, ob und wie darin Werte vermittelt werden, muss man also nach den Punkten von Dissonanz und Labili-sierung fahnden, nicht nach den Wertaussagen, die dort in Wissensform ange-boten werden. Diese sind aber in normalem, frontalem Lernen so gut wie über-haupt nicht vorhanden. Hier hat ein guter, Lebenswerte besprechender und „durchspielender" Religionsunterricht seine einmalige, auch im Bereich beruf-licher Bildung unverzichtbare Chance.

3.0

Werte und Kompetenzen

Mit der immer größeren Bedeutung, die Kompetenzen für moderne Arbeitsprozesse gewonnen haben, gewinnt das Interiorisationsproblem ein unerwartetes
Gewicht. Warum?

Kompetenzen sind nicht mit Fertigkeiten, Wissen im engeren Sinne und Qualifikationen gleichzusetzen, obwohl angesichts des Trends zur Kompetenzentwicklung hin oft einfach frühere Qualifikationen in Kompetenzen „umbenannt"
werden. Doch im Grunde weiß jeder, dass da ein fundamentaler Unterschied
besteht. Kompetenzen als Selbstorganisationsfähigkeiten, als Fähigkeiten, in
komplexen, offenen Problemsituationen kreativ zu handeln sind etwas anderes
als Qualifikationen, d.h. erworbene und zertifizierte Lernergebnisse, von einer
definierten Anfangssituation zu einer definierten abgeforderten Endsituation
zu gelangen. Hochqualifizierte Inkompetente sind das Schreckgespenst jedes
Personalverantwortlichen.

Die Möglichkeit, mit Hilfe von Kompetenzen offene Problemsituationen kreativ
zu bewältigen, liegt genau darin, dass sie Regeln, Werte und Normen als essen-
tielle Bestandteile einschließen. Grafisch veranschaulicht:

Werte und Kompetenzen

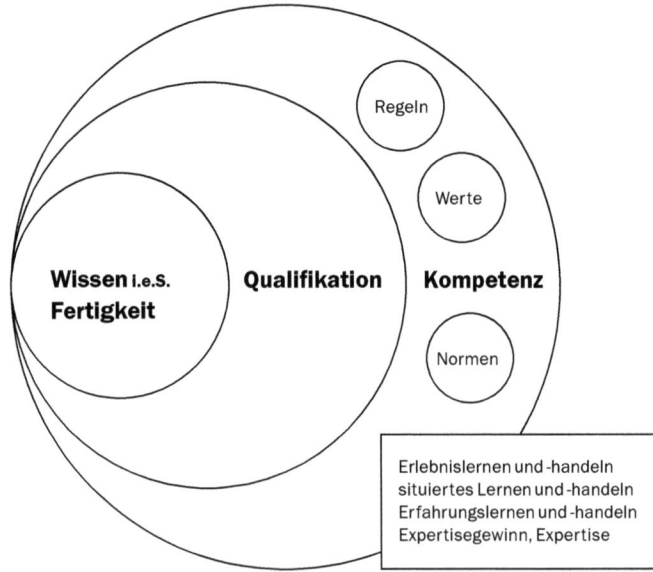

Schaut man sich diejenigen Bereiche praktischen Wissens und beruflicher Handlungskompetenz an, die gegenwärtig immer wichtiger werden, so sieht man unschwer, dass sie mit der Notwendigkeit des Wertlernens ganz direkt zusammenhängen[29]:

[29] Rauner 2004.

- **Erfahrungslernen** liefert Erkenntnis, die durch Subjekte in ihrem eigenen materiellen oder ideellen Handeln selbst gewonnen wurde und unmittelbar auf einzelne emotional-motivational bewertete Erlebnisse dieser Subjekte zurückgehen,
- **Erlebnislernen** liefert für Erfahrungsgewinn die Momente der „kognitiven Dissonanzen", der „Labilisierungen" unter denen nicht nur Sachwissen gelernt sondern Werthaltungen ausgeprägt, intrinsische Motivationen entwickelt werden,
- **Lernen im subjektivierenden Handeln** baut auf Erfahrungen und Erlebnissen auf, spielt in realen beruflichen Tätigkeiten, auch für die betriebliche Bildungsarbeit und den Umgang mit moderner Technik, mit komplexen Prozessen und Anlagen eine stark zunehmende Rolle,
- **Informelles Lernen** wird durch im Kooperations- und Kommunikationsprozess selbstorganisiert entstandene Regeln, Werte und Normen vorangetrieben,
- **Situiertes Lernen** betrachtet Lernen als eine „situierte" Funktion von Aktivität, Kontext und Kultur, in der das Lernen stattfindet; Kompetenzentwicklung schließt dabei die Entwicklung von Wert- und Sinnstrukturen ein, und
- **Expertiselernen**, das, was Könner zu Könnern macht, beruht auf spezifischen kognitiven (Beherrschung von Komplexität, Metastrategien) und wertend-motivationalen Grundlagen außerhalb des Durchschnitts.

Alles was Wertelernen fordert und fördert, und zwar nicht nur bestimmter Werte sondern auch das Vermögen dazu selbst, ist für die moderne berufliche Kompetenzentwicklung unverzichtbar – auch wenn das von Unternehmen und sogar von Berufspädagogen und Weiterbildnern oft noch ganz anders gesehen wird.

Dass die Behauptung, „hinter" den Kompetenzen seien stets bestimmte Werthaltungen zu finden, nicht nur graue Theorie sondern praktisch verifizierbar und sogar messbar ist, haben Bernward Brenninkmeijer und ich in einem neuen Test (WERDE© -Werte Diagnostik und Entwicklung) zu zeigen versucht. Hier wird analysiert, inwieweit die Grundkompetenzen eines Menschen – personale-, aktivitätsbezogene-, fachlich-methodische- und sozial-kommunikative Kompetenzen – von den dahinter stehenden Wertarten – Genusswerte, Nutzenswerte, ethische Werte, politische Werte (im weitesten Sinne) – mitgeprägt sind. Die Abbildung gibt die Excel-Darstellung einer typischen Kompetenz-Wert-Verteilung wieder:

3.0

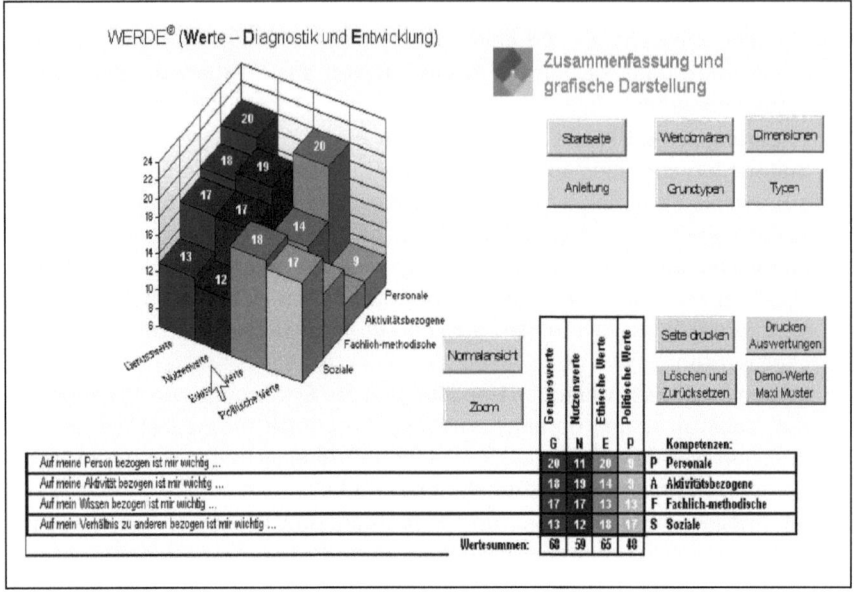

Wissenswahn und Herzensbildung

Zusammenfassend ist deutlich, dass die Hoffnung auf immer schneller wachsendes Wissen im engeren Sinne einen Wahn darstellt. Kann man ihm die Herzensbildung gegenüberstellen? „Die deutsche Sprache hat zahlreiche Wörter und Verbindungen mit 'Herz' …" klärt uns die Wikipedia-Enzyklopädie auf, und erklärt weiter: „Allen Verknüpfungen gemeinsam ist das tiefe, innere Empfinden. Auch der Begriff der „Herzensbildung" weist das Wort Herz auf. Doch meint man allgemein mit Herzensbildung nichts anderes als Sozialkompetenz. Herzensbildung meint das Erlernen und Kennenlernen der innersten Kräfte, die man einsetzt, um das soziale und menschliche Miteinander angenehm zu regeln. Je mehr diese Kräfte unser Denken und Handeln durchdringen, umso mehr kann man von Herzensbildung sprechen. Die Fundamente dazu werden durch Erziehung in der Kindheit erlernt."[30] In diesem Sinne geht es bei Kompetenzentwicklung immer auch um Herzensbildung.

[30] http://www.fluter.de/look/issues/issue13/bildung.htm#Herzensbildung.

Die Essentials, zusammengefasst:

- Das „Wertproblem" ist historisch nicht sehr alt; es wurde zwischen 1860 und 1880 manifest. Wertediskussionen sind Kultur- und Krisendiskussionen. Kultur ist ein „Wertausdruck" (Weber).

- Werte sind zugleich strikt von Wissen (im engeren Sinne) zu unterscheiden, aber selbst Teil des Wissens (im weiteren Sinne).
- Werte sind zugleich kontingent und existenziell handlungsnotwendig, ohne Werte kein Handeln.
- Werte sind zugleich historisch relativ und aktuell absolut. Wertironie ist tödlich, Wertrelativismus handlungstötend. Ist Toleranz nicht oft Gleichgültigkeit?
- Wertlernen ist etwas anderes als Wissenslernen. Es bedarf der Umwandlung in eigene Emotionen und Motivationen (Interiorisation). Hier hat Religionsunterricht eine unverzichtbare Funktion.

Literatur

BARAN, P., Werte. In: SANDKÜHLER, H.J. (HG.) Europäische Enzyklopädie zu Philosophie und Wissenschaften, Hamburg 1990.

BUNGE, M., ARDILA, R., Philosophie der Psychologie, Tübingen 1990.

ERPENBECK, J., Psychotherapie und Wertewandel, Berlin 1995.

ERPENBECK, J., Psychologie und Erkenntnistheorie, Berlin 1983.

ERPENBECK, J., WEINBERG, J., Menschenbild und Menschenbildung, Münster, New York, München, Berlin 1993.

Fraunhofer ISST (1998): Jahresbericht. Internet-Veröffentlichung: http://www.isst.fraunhofer.de/deutsch/inhalt/downloads/Jahresberichte/index.html (10.08.2006).

HABERMAS, J., Der philosophische Diskurs der Moderne. Zwölf Vorlesungen, Frankfurt am Main 1988.

HABERMAS, J., Theorie des kommunikativen Handelns, Frankfurt am Main 1981.

HAKEN, H., Synergetik und Sozialwissenschaften, in: Ethik und Sozialwissenschaften 7 (1996), Heft 4, S.590.

KOSELLEK, R., Vergangene Zukunft. Zur Semantik geschichtlicher Zeiten, Frankfurt am Main 1979.

KROHN, W., KÜPPERS, G., Die Selbstorganisation der Wissenschaft, Frankfurt am Main 1989.

LEIBNIZ, G.W., Allgemeine Wissenschaft (Vorrede), in: ders., Fragmente zur Logik, ausgew., übers. u. erläutert v. F. Schmidt, Berlin 1960.

MARQUARD, O., Über die Unvermeidlichkeit der Geisteswissenschaften, in: ders.: Apologie des Zufälligen. Philosophische Studien, Stuttgart 1986.

MITTELSTRAß, J., Wissen und Grenzen. Philosophische Studien, Frankfurt am Main 2001.

PROBST, G.J.B., Selbst - Organisation. Ordnungsprozesse in sozialen Systemen aus ganzheitlicher Sicht, Berlin, Hamburg 1987.

RAUNER, F., Wissen und berufliche Handlungskompetenz, Bremen 2004.

Meinrad Fischer
Portfolioarbeit und Kompetenzent-
wicklung mit Dr. Ilse Brunner

1) Zur Person

Dr. Ilse Brunner ist tätig in den Bereichen Schulentwicklung, Lehrerfortbildung, Portfolio-Methode, „brain friendly" (Gehirn gerechtes) und Ressourcen orientiertes Lernen.

Ilse Brunner hat bis 1980 in Mexiko in unterschiedlichen Schulen und Universitäten Deutsch unterrichtet. Anschließend erwarb sie den Doktortitel in Bildungssoziologie an der Universität Stanford/Kalifornien und wirkte bis 1996 an dem nationalen Schulentwicklungsprojekt „Accelerated Schools" in verantwortlicher Position mit.

Seit 1996 ist sie vor allem in USA sowie in Österreich und Südtirol tätig und arbeitet dort mit der offiziellen Schulverwaltung und pädagogischen Instituten zusammen.

2) Themenrelevante Veröffentlichungen

a) Ilse Brunner, Thomas Häcker, Felix Winter
Das Handbuch für Portfolioarbeit
Konzepte und Erfahrungen aus Schule und Lehrerbildung
Verlag: Kallmeyersche Verlag Auflage: 1 (Februar 2006)
ISBN: 3780049414
b) Ilse Brunner , Elfriede Schmidinger
Gerecht beurteilen. Portfolio: die Alternative für die Grundschulpraxis
Verlag: Veritas (2000) - ISBN: 3705855638

3) Workshop

Einleiten möchte ich meinen Bericht mit einem Satz von Frau Dr. Brunner, der eine wesentliche Begründung für diese Methode im Unterricht darstellt: **„Ich glaube, dass alle Kinder mit Talenten und Begabungen geboren werden.**

Oft sind sie aber nicht fähig, ihre Begabungen zu zeigen, weil ihnen die geeigneten Mittel dazu fehlen. Die **Einführung von Portfolios** im Unterricht gibt auch diesen Kindern die Möglichkeit ihr Wissen und ihre Einsichten zu zeigen."

Mit dieser Methode lassen sich Kompetenzen von Schülerinnen und Schülern aufzeigen, erweitern und festigen. Frau Dr. Brunner erläuterte uns sehr anschaulich die Methode anhand verschiedener Beispiele und konkreter Fragen aus dem Teilnehmerkreis.

Zusammenfassend möchte ich hier den Inhalt festhalten, der sich in wesentlichen Teilen mit einem Interview (geführt von Julia Born am 20.8.2004) auf rpi-virtuell.net deckt. (In: http://www.rpi-virtuell.de/bereiche/index.asp?bereiche=15)

Die Portfolio-Methode gewinnt deutlich an Aufmerksamkeit und etabliert sich langsam an Schulen und in der Fachliteratur. Zu verschiedenen Anlässen lassen sich Portfolios einsetzen. Z. B. Talentportfolios und Kompetenzenportfolios, Projektportfolios und Themenportfolios, Fachportfolios und fächerübergreifende Portfolios ... usw.

All diesen pädagogischen Portfolios steht die Künstlermappe Modell. In dieser hat der/die Künstler/in eine Auswahl von Arbeiten wovon andere Mappen zusammengestellt werden, wie zum Beispiel Bewerbungsmappen für Ausstellungen und Preise, die vom Typ her Vorzeigemappen sind. Damit haben wir drei Grundfunktionen eines Portfolios: Arbeitsmappe, Vorzeigemappe und Bewerbungsmappe.

In Schulen werden Portfolios vor allem geführt, um den Lernzuwachs zu belegen, um Talente zu fördern oder als Basis für eine Note. In manchen Gymnasien in der Schweiz können Portfolios die Abschlussarbeiten für das Abitur ersetzen.

Ablauf des Unterrichts nach dem Portfolio-Konzept

Für den Unterricht ergibt sich damit folgender Ablauf: Die SchülerInnen sprechen gemeinsam mit der Lehrerin über die Lernziele für ein Unterrichtsthema. Sie formulieren für sich persönliche Lernziele, die die allgemeinen Unterrichtsziele ergänzen und unterstützen.

Auf welchen Wegen sie nun diese Ziele erreichen und welche Produkte das Erreichen der Ziele belegen, bleibt den einzelnen Lernenden überlassen. In Lernzielgesprächen sollten mögliche Aufgaben, Arbeitswege, Strategien und Produkte diskutiert werden, damit sich die SchülerInnen ein klares Bild machen können, wie sie zu guten Ergebnissen kommen, und sich für die Arbeitsformen

4.0

und Produkte entscheiden, die ihren Talenten am besten entsprechen. Das Portfolio zeigt schließlich, was sich die SchülerInnen vorgenommen und was sie erreicht haben.

Für die SchülerInnen charakterisiert sich die Portfolioarbeit vor allem durch **vier Prozesse:** sammeln, auswählen, reflektieren und planen.
1) Nachdem Zweck und Inhalte der Portfolioarbeit gemeinsam geklärt wurden, arbeiten die SchülerInnen an ihren Themen und sammeln alle Lernprodukte, die aus der Auseinandersetzung mit den Lerninhalten entstehen.
2) Im zweiten Schritt wählen sie je nach dem Zweck des Portfolios die Lernprodukte aus, die ihren Lernfortschritt und ihre erworbenen Kompetenzen am besten belegen.
3) Die ausgewählten Werke (Texte, Diagramme, Zeichnungen, Fotos von dreidimensionalen oder übergroßen Produkten, Videos von Darstellungen und Präsentationen, etc.) werden im dritten Schritt mit dem Datum der Fertigstellung und einer schriftlichen Reflexion über Intentionen, Qualität, Lernzielerreichen, persönliche Bedeutung, etc. versehen. Diese Reflexion ist ein metakognitiver Akt, mit dem sich die Schülerin bewusst wird, was so besonders an dem ausgewählten Produkt ist und was sie bei seiner Erarbeitung gelernt hat. Es hilft auch, noch nach Jahren zu verstehen, welchen Stellenwert das Produkt in der Lernbiografie des Schülers hat.
4) Im vierten Schritt wird aus den Arbeiten, die ins Portfolio aufgenommen wurden, eine Bilanz gezogen: Was habe ich aus diesem Thema gelernt? Welche neuen Fragen habe ich? Welche Ziele setze ich mir?

Von zentraler Bedeutung: **Portfolio-Gespräche**
Ein Leitsatz für die Arbeit mit Portfolios ist: **Ein Portfolio ist nur so gut, wie die Gespräche, die darüber geführt werden.** Portfoliogespräche zwischen Mitschülern, zwischen SchülerInnen und Lehrern, mit den Eltern, geben dem Lernprozess eine zusätzliche Dimension. Durch die Reaktion der anderen wird den Schülern erst bewusst, wie sich ihr Lernen und die erworbenen Kompetenzen auf die Umwelt auswirkt. Im Dialog mit den Vertrauten, die die Produkte mit unterschiedlichen Kriterien und Standards betrachten, entwickelt und festigt sich auch die Fähigkeit der Einschätzung, das Qualitätsbewusstsein.

Eine Vorbedingung für gute Portfolioarbeit ist ein Klassenklima, in dem Vertrauen unter den SchülerInnen herrscht und der Lehrer als Freund und Begleiter, Ratgeber und Animateur gesehen wird. In solch einem Klima ist es leicht, sich mit den SchülerInnen gemeinsam den Lehrplan anzuschauen und mit ihnen allgemeingültige Unterrichtsziele und persönliche Lernziele zu erarbeiten.

Das Portfolio wurde als Beleg für den Lernzuwachs mit den eigenen Präsentationsmaterialien, Reflexionen zu den Präsentationen der Mitschüler und persönlichen Arbeiten bestückt. Für das Portfolio als Ganzes und für einzelne Arbeiten im Portfolio – die Präsentationen, die Reflexionen zu den Präsentationen der anderen, Aufarbeitung der Museumsbesuche, verschiedene Textgattungen und künstlerische Produkte – wurden mit den SchülerInnen gemeinsam Qualitätsraster erstellt.

Durch die gemeinsame Arbeit an den verschiedenen Themen, die Präsentationen, und vor allem die Portfoliogespräche mit den Mitschülern wurde der Austausch gefördert und immer wieder ein gemeinsamer Wissensstand erreicht. Auffällig war dabei, dass die Schüler eifrig Informationen austauschten. Wenn sie bei ihrer Arbeit auf interessante Daten stießen, die zu anderen Wissensbereichen gehörten, gaben sie diese mit Freude an die anderen Gruppen weiter.

Auffällig: Motivation und positives Verhalten!
Den LehrerInnen fiel bei dieser Arbeit besonders die Lernmotivation und das freundlich-produktive Verhalten ihrer Schüler und Schülerinnen auf. Dies stimmt mit den Beobachtungen von Marvin Marshall (2002) überein. In seinem Buch „Discipline without Stress, Punishments or Rewards" stellt er fest, dass Schüler unter folgenden Umständen verantwortliches Verhalten zeigen:
- Wenn LehrerInnen Verhaltensprobleme als positive Herausforderung darstellen, mit denen sich die SchülerInnen auseinandersetzen können,
- wenn es Wahlmöglichkeiten gibt, die auf den Stärken der Schüler aufbauen und
- wenn jede Situation mit Reflexionen und Selbstevaluation begleitet wird.

Genau diese Prinzipien werden bei der Portfolioarbeit aktiviert:
Lernen wird gemeinsam als Herausforderung definiert, die SchülerInnen haben ein Mitbestimmungsrecht bei der Auswahl von Lernzielen und Lerninhalten und die Lernprodukte werden in Selbstreflexionen und Portfoliogesprächen analysiert und bewertet.

Betty K. Garner (2002), eine Pädagogin aus den USA, lässt LehrerInnen immer wieder aufhorchen, wenn sie ihnen bewusst macht, dass Lernmotivation mit den eigenen Fragen zu tun hat.
Kleine Kinder sind begeisterte Fragesteller. Ihre Lieblingsfragen sind „Was?" und „Warum?". Die Antworten auf diese Fragen werden von den Erwachsenen gegeben.

4.0

Dies ändert sich dramatisch, wenn die Kinder in die Schule kommen. Jetzt werden die Fragen von den LehrerInnen gestellt und die Kinder müssen antworten. Die Fragen sollen nur sicherstellen, dass die SchülerInnen den Stoff „wissen". An ihren Antworten wird die Leistung der Schüler gemessen. So verkommen Fragen zum Ritual – niemand ist wirklich interessiert an den Antworten – und die Lernmotivation, mit der die Kinder in die Schule kommen, wird systematisch abgebaut.

Es ist deshalb nicht verwunderlich, dass die Arbeit mit Portfolios das Interesse am Lernen wieder weckt: Endlich können die Kinder wieder ihre eigenen Fragen beantworten und sich neben den Unterrichtszielen eigene Lernziele setzen. Außerdem können sie für die Erstellung der Lernprodukte ihre persönlichen Stärken einsetzen. Wenn sich der Unterricht an den Interessen und Begabungen der Schüler orientiert, gibt es keine unmotivierten SchülerInnen oder Lernverweigerer. Dies wird von den LehrerInnen, die so arbeiten, bestätigt.

Portfolio-Methode ausprobieren – Tipps für den Start von Frau Dr. Ilse Brunner (aus einem Interview mit rpi.virtuell.de)

Erfahrene Kolleginnen raten:
- Fang klein an und lerne gemeinsam mit deinen SchülerInnen aus deinen und ihren Fehlern.
- Sei außerdem ein Modell und führe ein Portfolio über die Einführung des Portfolios.
- Zeig deinen SchülerInnen deine Portfolioeinträge und die dazugehörigen Reflexionen und besprich mit ihnen, wie die Portfolioarbeit verbessert werden kann, sodass sie ihren Bedürfnissen besser entspricht.
- Es lohnt sich besonders, wenn Sie sich mit einer Kollegin oder einem Kollegen zusammentun und gemeinsam das Vorgehen planen und den Verlauf reflektieren, denn dann haben Sie noch ein fachkundiges Gegenüber als Gesprächspartner.
- Vielleicht eignet sich ein Thema in Ihrem Fach besonders gut. Vielleicht wollen Sie den Erwerb einiger spezifischer Kompetenzen mit dem Portfolio belegen.
- Sie könnten auch mit einem Projekt beginnen und den Lernzuwachs und die Lernbilanz in einer Mappe festhalten. Natürlich können Sie auch fächerübergreifend arbeiten. Wichtig ist, dass Sie die Portfolioarbeit als wesentlichen Teil des Unterrichts wahrnehmen und genügend Zeit dafür einplanen.

Christian Schulte, Ulrich Kawalle
„Auf schmalem Grad – Religions- unterricht an der selbständig werdenden berufsbildenden Schule"

I. Plenumsaustausch

Der Plenumsaustausch hinsichtlich Erfahrungen mit der selbständigen Schule und den Auswirkungen auf den Religionsunterricht brachte folgende Ergebnisse:

- An vielen Schulen finden Einstellungen von Lehrkräften ohne Lehrbefähigung für Religion (Missio oder Vocatio) statt.
- Viele Dezernenten der Landesschulbehörden und Bezirksregierungen haben Probleme mit der selbständigen Schule, vor allem mit der starken Stellung des Schulleiters.
- Oftmals ziehen sich die Dezernenten zurück und kommen ihrer Aufsichts- pflicht hinsichtlich der Erteilung von Religionsunterricht nicht nach.
- An vielen selbständigen und selbständig werdenden Schulen herrscht ein „freies Spiel der Kräfte", in dem der Religionsunterricht nicht mehr vorkommt.
- Die Schulleiter an den selbständig werdenden Schulen gewinnen immer mehr an Einfluss; ob der Religionsunterricht erteilt wird oder nicht hängt vor diesem Hintergrund von der jeweiligen Einstellung des Schulleiters ab.
- Hinsichtlich des konfessionellen Prinzips im Religionsunterricht gibt es eine große Diskrepanz zwischen Theorie und Praxis; konfessionelles Profil macht sich auf der praktischen Ebene kaum noch bemerkbar.
- Es herrscht eine Diskrepanz an einigen Schulen zwischen Angebot des Reli- gionsunterrichts und der Erteilung; einige Schulen haben den Religionsun- terricht auch im Schulprogramm verankert, oftmals wird der Unterricht dann aber nicht erteilt.
- Kammern und Innungen üben einen hohen Druck auf die Schulen aus, Reli- gionsunterricht gegenüber Fachunterricht zu schwächen bzw. abzuschaffen. Auch die Elternschaft übt Druck auf die Schulen aus, den Religionsunter- richt zu Gunsten der Beruflichkeit zurückzudrängen.
- Ein Verweis auf die Nützlichkeit von Religionsunterricht findet nur bedingt an den Schulen statt.
- Die Fortbildungen sind zunehmend schulbezogen und verweisen auf Schul- organisation und haben damit weniger inhaltlichen und theologischen Anspruch.

- Die Anforderungen an die Religionslehrer, sich in die Schule und ins Schulprogramm einzubringen, sind hoch und führen oft zur Überforderung.
- Der Religionsunterricht verfügt an einigen Schulen über einen zweifelhaften Berufsbezug; In der Folge von Handlungssituation wird der Religionsunterricht für andere Fächer instrumentalisiert.
- An anderen Schulen werden dagegen die positiven Aspekte des Religionsunterrichts in den berufsübergreifenden Bereich integriert.
- Können Religionslehrer Einfluss auf das Schulprogramm ausüben, kann der Religionsunterricht gegenüber dem Schulleiter eingefordert werden.
- Liegen Daten über den erteilten Religionsunterricht mit Namensnennung der Religionslehrer vor und werden die Daten ausgetauscht, können über Bezirksbeauftragte die Schulleiter mit der mangelnden Erteilung von Religionsunterricht konfrontiert werden.
- Es gibt ein Problem bei der Auswertung der Daten aufgrund des Personalmangels in den Kirchen. Hier müssen die Bezirksbeauftragten z. B. in Nordrhein-Westfalen verstärkt eingebunden werden.
- In vielen Diözesen gibt es gute Kooperation zwischen der evangelischen und der katholischen Kirche, die zunehmend zusammen Lobbyarbeit leisten müssen und dies z.B. in Niedersachsen schon aktiv leisten.
- Auch von Seiten der Kirchen muss der Druck auf die Schulleiter erhöht werden, Religionsunterricht nicht einzuschränken.
- Die Bezirksbeauftragten und deren Instrumentarium muss verstärkt in den Mittelpunkt der Bemühungen um Erteilung des Religionsunterrichts gerückt werden.
- Die Kirchen müssen verstärkt mit den Verbänden zusammenarbeiten, um gemeinsam in Erfahrung zu bringen, wo Bedarf nach Intervention besteht.
- Auch ist es sinnvoll, sich über Lehrer auf dem freien Markt nach dem Referendariat auszutauschen und diese Informationen an die Schulleiter weiterzugeben. So kann gezielt der Fächerbedarf einer Schule abgefragt und eine Korrelation mit Erteilung des Religionsunterrichts hergestellt werden.

II. Zukunft des Religionsunterrichts an der selbständigen Schule

Hinsichtlich der Aspekte der Zukunft des Religionsunterrichts nannten die Teilnehmer im Bereich der **inhaltlichen Perspektive:**
- Religionsunterricht muss qualitativ gut sein,
- qualifizierte und professionelle Aus- und Weiterbildung der Religionspädagogen,

4.1

- zielgerichtete Fortbildungen (Professionalität von Lehrenden und Lernenden),
- Religionsunterricht ist notwendig sowohl für Schüler als auch für die Gesellschaft,
- Patenschaften im allgemein bildenden Bereich gegen die Verzweckung,
- inhaltliche Legitimation gegenüber der Wirtschaft und
- Religionsunterricht an berufsbildenden Schulen als selbständiges Profil wahren.

In der **schulorganisatorischen Perspektive** wurde von den Teilnehmern genannt:
- Verankerung im Schulprogramm (Qualitätsprogramm),
- Stundentafel muss verbindlich sein und
- Religionskräfte müssen aktiv in der Schulorganisation sein.

Hinsichtlich der **Perspektiven für Staat und Kirche**:
- Rückhalt der Religionslehrkraft von der Diözese etc.,
- Artikel 7,3 GG darf nicht vernachlässigt werden,
- es muss zum konfessionellen Miteinander kommen, evtl. zur gemeinsamen Verantwortung für den Religionsunterricht,
- Staat und Kirche müssen eine Werteebene vertreten.

III. Aussprache über die gegenwärtige und zukünftige Situation des BRU

In der anschließenden Aussprache über die gegenwärtige und zukünftige Situation des Religionsunterrichts an berufsbildenden Schulen kamen verschiedene Aspekte zum Tragen. Als positiv wurde empfunden, dass die Teilnehmer aus Niedersachsen und Nordrhein-Westfalen über mehr Erfahrung im Hinblick auf Religionsunterricht an selbständigen Schulen verfügten als die übrigen Teilnehmer. So kam es über die Erläuterung der jeweils eigenen Situation zu einem regen Informations- und Meinungsaustausch von dem alle Teilnehmer des Arbeitskreises profitieren konnten. So konnten die Teilnehmer aus Niedersachsen und NRW ihre Erfahrungen reflektieren und die anderen Teilnehmer diese kritisch anfragen und für sich und die eigene Situation nachhaltig nutzen sowie Informationen sichern. Gerade dieser gegenseitige Informations- und Erfahrungsaustausch machte – so waren sich alle Teilnehmer einig – die Güte dieses Arbeitskreises aus.

In der abschließenden Aussprache wurde benannt, dass sich an selbständigen Schulen das Klima insgesamt verändert habe. Entweder würden sich Kollegen zurückziehen oder sie würden weit über das übliche Stundendeputat hinaus ihre Kraft für die Schulen einsetzen. Einige Teilnehmer berichteten, dass viele Kollegen das Gefühl der Überforderung hätten. Auch kam zur Sprache, dass der Verweis auf das Schulprogramm im Religionsunterricht möglicherweise vor „Verdunstung" schützen könnte. Religionslehrer müssten ihre Kompetenzen deutlich machen und in das Schulprogramm integrieren. So könnten Schulleiter bei bewusster Vernachlässigung des Religionsunterrichts damit konfrontiert werden.

Im weiteren Verlauf des Gesprächs wurde auch auf das sog. Total Quality Management (TQM) eingegangen. Qualitätsmessinstrumente zur Selbstevaluation seien zu begrüßen; da sie aber aus einem wirtschaftlichen Umfeld in einen schulischen Kontext transferiert worden seien, gäbe es hier Probleme, da im schulischen Kontext Menschen im Vordergrund stehen würden und nicht wirtschaftliche Aspekte. Die Gefahr der Instrumentalisierung von Menschen für wirtschaftliche Zwecke, die auch durch die Katholische Soziallehre angefragt werde (Stichwort: Personalität), sollte kritisch hinterfragt werden.

Ferner wurde angemerkt, dass die Schule eigentlich immer selbständig gewesen sei, gerade im BBS-Bereich. Momentan gäbe es eine Einschränkung der Freiheit des Unterrichts vor dem Hintergrund der Selbständigkeit der Schule. Kollegen fühlten sich zunehmend belastet durch Qualitätskontrollen und Inspektion. Dadurch würde die Inhaltlichkeit des Unterrichts auf für das Qualitätsmerkmal der Schule verwertbare Themen reduziert. So würde die Autonomiebestrebung der Schule letztlich zur Aufgabe der pädagogischen Freiheit führen. Viele Kollegen hätten auch Angst vor der permanenten Kontrolle, für die sie nicht ausgebildet worden seien. Lehrer seien in ihrer Ausbildung immer angehalten, Einzelkämpfer zu werden, nun müssten sie sich einem Qualitätssystem unterordnen. Des Weiteren hätten die Lehrer einen langen Ausbildungsweg hinter sich, so dass die Unterordnung unter Qualitätsmaßstäbe der Schule sowie eine eventuelle Berührung mit Schulinspektion als Angriff auf die Unterrichtsbefähigung und die pädagogische Freiheit von vielen Kollegen begriffen werde. Auch sog. Teamteaching oder kollegiale Praxisbetreuung seien vor diesem Hintergrund kritisch zu hinterfragen. Viele Kollegen würden dies als Störung ihres Unterrichts empfinden. Möglicherweise würde die Zusammenarbeit verweigert bzw. es eine erhöhte Anzahl von Krankmeldungen von Lehrkräften geben. Einige Lehrkräfte konnten sich sogar dazu hinreißen lassen, „Kriegsschauplätze" an der Schule zu eröffnen. Dies würde das Klima an der Schule nachhaltig verschlechtern.

4.1

Auch der erhöhte Druck auf die Lehrkräfte, sich an der selbständig werdenden Schule zu engagieren, würde im Kollegium zur Auseinandersetzung führen vor allem vor dem Hintergrund, da einige Kollegen sich sehr engagieren und damit den Status quo für andere Kollegen festlegen. Sollten diese Kollegen nicht so viel leisten wie die zum Teil überengagierten Kollegen, könnte leicht das Gefühl einer Schieflage im Kollegium entstehen. Diese Schieflage würde bedeuten, dass die „normal" arbeitenden Kollegen sich von den überengagierten Kollegen psychisch unter Druck gesetzt fühlten. Die Folge könnte evtl. sogar Mobbing sein. Des Weiteren müsse hier klar vor Ausbeutung gewarnt werden.

Als positiv wurde in der Gruppe die interkonfessionelle Zusammenarbeit in fast allen berufsbildenden Schulen Deutschlands gewürdigt. Innerhalb des Fächerkanons seien die „Profis" in Sachen Glauben sehr gefragt, solange das Recht auf Allgemeinbildung an den berufsbildenden Schulen erhalten bleibe. Wichtig sei aber auch die Vernetzung mit anderen Fächern oder Lernfeldern, aber nicht mit vordergründigen Berufsbezügen. Solange die Kollegen eine fachlich gute Arbeit leisten würden, könnte man im Austausch mit anderen Fächern Synergien herstellen. Religionsunterricht solle aber nicht eine dienende Funktion für das berufsbildende Schulsystem einnehmen. Auch dürfe der Religionsunterricht nach Aussage aller Teilnehmer des Arbeitskreises nicht zu einer Vermarktung für die Schule herabgestuft werden.

Vor diesem Hintergrund sollte die Lehrerfortbildung die Kollegen zum einen auf die selbständige Schule vorbereiten, zum anderen aber auf eine verstärkte fachliche Kompetenz der Lehrer hinarbeiten.

Phillip Tengg
Lehrlingsnachmittage. Ein Beitrag der Kirche zur religiösen und sozialen Kompetenz der SchülerInnen

Ausgangslage

In verstärktem Maße fordern UnternehmerInnen von ihren Lehrlingen neben Fachkompetenz eine personale Reife: Wertorientierte Lebenshaltung, Charakterstärke, Teamgeist und Verbindlichkeit sind Voraussetzungen für eine gute Zusammenarbeit in einem Betrieb.

In dieser Zeit der Rückbesinnung auf soziale Werte in Unternehmen sind insbesondere die Kirchen aufgerufen, ihre Kernkompetenz der wertorientierten Persönlichkeitsbildung einzubringen.

Im Sozialwort des Ökumenischen Rates der Kirchen in Österreich (Kapitel 5) heißt es:
„Da Erwerbsarbeit Identität schafft und ein wichtiger Teil des Lebens ist, gewinnen Qualitätskriterien besondere Bedeutung. Dazu gehören Fragen wie Gesundheit, Vereinbarkeit von Beruf und Familie, zumutbare Arbeitszeiten, realistische Mobilitätserfordernisse. Die Zahl der kranken und „ausgebrannten" Arbeitnehmer und Arbeitnehmerinnen, die steigende Problematik von Mobbing und Suchtverhalten sind Warnsignale.
Gute Arbeit gewährt ein angemessenes Einkommen, respektiert menschliche Fähigkeiten und die Menschenwürde und bezieht sowohl das Produkt wie die Belange der Umwelt als Kriterien ein."

„Gute Arbeit" ist somit ein Ziel der Kirchen und somit auch der kirchlichen Bildungsarbeit, z.B. des Religionsunterrichts.

- Qualitätskriterien „Guter Arbeit" sind großteils auch sog. Soft-Skills, also soziale Kompetenzen.
- Wirtschaft beginnt erst langsam zu begreifen, dass die soften Faktoren ebenso Gewinn-Faktoren sind. Vgl. Studie von deep-white / Uni St. Gallen: „Sind ethisch geführte Unternehmen erfolgreicher?"
Soft-Skills nehmen den Menschen in seiner Ganzheit wahr.
- Seelsorge meint Sorge um den ganzen Menschen,
- RU als seelsorgliches Handlungsfeld ganzheitliches Lernen

Kirche kann Freiräume schaffen, in denen ganzheitliches Lernen ermöglicht wird. RU als „Sonntag" im Stundenplan, der nicht nach den Gesetzen des Marktes funktioniert („Arbeitsfreier Sonntag").

Die Lehrlingsnachmittage

Ziel der Lehrlingsnachmittage:

Das Ziel der Lehrlingsnachmittage ist es, junge Menschen, die bereits im Arbeitsleben stehen, in ihrer Persönlichkeitsentwicklung zu unterstützen: Die Lehrlinge sollen in einer dialogischen Begegnung mit anderen Menschen sensibilisiert werden für die sie betreffenden Themen in ihrer Arbeit. Die Sinnfindung im Leben, zu der eine menschengerechte Arbeit wesentlich beitragen kann, steht im Mittelpunkt der Begegnung. Auch wenn das Ziel der Nachmittage die jungen Menschen selber sind mit all ihren Anliegen und Nöten, so haben diese Begegnungen sekundär auch Auswirkungen auf die Unternehmen und deren Leitung, wenn sich ihre jungen MitarbeiterInnen zu reflektierten, selbstbewussten und verlässlichen PartnerInnen im Unternehmen entwickeln. Die Organisation der Lehrlingsnachmittage soll als ein Dienst an den jungen Menschen gedacht sein im Sinne der Förderung der Ausbildung einer christlichen Lebenshaltung, welche sich im Arbeitsalltag zu bewähren hat.

Die Lehrlingsnachmittage sind wesentlich ein Lernort für eine **gelebte Solidarität** unter den jungen Menschen. Die Förderung der **Wahrnehmungsfähigkeit** und einer **„Empfindlichkeit für das Leid des Anderen"** (**„Compassion"**) sind wesentliche Voraussetzungen mit dem Scheitern von Menschen in ihrer Arbeitswelt umzugehen. In einem geschützten Rahmen sollen insbesondere die Schwachen und Unterdrückten zu Wort kommen, deren Anliegen sehr oft nicht gesehen oder bewusst übergangen werden. Der provokante Slogan „Klappe auf!" soll jene

Phillip Tengg

Lehrlingsnachmittage. Ein Beitrag der Kirche zur religiösen und sozialen Kompetenz der Schüler/innen

4.2

jungen Leute bestärken, ihre Stimme zu erheben, welchen all zu oft in unserer Gesellschaft kein Gehör geschenkt wird oder eine Stellungnahme untersagt wird. Sozialpolitische Bildungsarbeit beinhaltet somit stets eine klare **Option** für die Ausgegrenzten in der Arbeitswelt.

Aus der Sicht des Unternehmens bieten die Lehrlingsnachmittage zudem folgende Vorteile:
- Frustrations-Prophylaxe
- Lernen von Solidarität
- Verbesserung des Betriebsklimas
- Verantwortungsvollen Umgang mit Arbeit und MitarbeiterInnen
- durch Persönlichkeitsbildung zu „verlässlichen PartnerInnen" in der Arbeitswelt werden

Ablauf der Lehrlingsnachmittage
- Vorbereitung des Themas im RU (Materialienmappe)
- Treffen von zwei Berufsschulklassen in einem von der Kirche zur Verfügung gestellten Raum (z.B. kirchliches Bildungshaus, Pfarr-Räume)
- Gegenseitiges Vorstellen der eigenen Arbeit samt „Freud und Leid"
- Austausch mit einem eingeladenen Vertreter der Kirche
- Gemeinsame Jause
- Abschluss

Weitere Infos und Bestellung der Materialienmappe:
Mag. Phillip Tengg
phillip.tengg@dioezese-innsbruck.at
www.lehrlingsnachmittage.at

Michael Persie, Thomas Oschmann, Paul Oschmann

Das Kreuz mit dem Kreuz: Sport und Religion in der Berufsschule

Der Workshop hätte auch den Untertitel tragen können: Auf die Haltung kommt es an – Präventionsarbeit für Rücken und Rückgrat.

Nach einem Situationsbericht des Sport- und Religionsunterrichts in Bayern stellten die Referenten der Fachgruppen Sport und Religion im Verband der Lehrer an beruflichen Schulen in Bayern (VLB), Thomas und Paul Oschmann sowie Dr. Michael Persie, eine Unterrichtssequenz im Stationenbetrieb vor. Diese Sequenz beruht auf Projekten von Sport und Religion in den Berufsschulen Bad Kissingen und Kitzingen.

Die fächerübergreifende Sequenz möchte unter dem methodischen Einsatz des Stationenbetriebs einen Beitrag leisten zur leiblichen, emotionalen und geistigen Persönlichkeitsbildung.

a) Ziele und Impulse des Projekts:

1. Zur Persönlichkeitsbildung gehört die HALTUNG als Ausdruck der Gesamtbefindlichkeit einer Person. Das Ziel der ganzheitlichen Bildung bedeutet: Aufrecht gehen – Haltung bewahren.
2. Grundsätzliche Überlegungen zur gelungenen und gebrochenen Haltung sollen reflektiert werden.
3. Es erfolgen biblische Impulse zur HALTUNG und zum AUFRICHTEN
4. Die HALTUNG DES MENSCHEN zeigt sich in seinem Rückgrat (psychosomatisch) und in seinem Umgang mit dem Kreuz, den Kreuzen.
5. Der Unterricht: Stationen - Lernen als Kreuz-Weg und Be-Weg-ung.

b) HALTUNG als Ausdruck der Gesamtbefindlichkeit

1. Äußere und innere Haltung wirken sich nachhaltig und wechselseitig auf das Wohlgefühl des Menschen aus (Mens sana in corpore sano).

2. Haltungen bedeuten unmittelbare Ausdrucksformen unserer Person, die einen Kommunikationsprozess entwickeln. Diese Haltungen tragen Modell-charakter und entfalten Vorbildwirkung.

3. Haltungen können gleichermaßen Bewusstseins- und Praxisveränderung herbeiführen.

4. Aus fließendem Verhalten kann sich eine feste Haltung, Grundhaltung und Werteorientierung ergeben – so wie aus bestimmten Haltungen wertorientiertes Verhalten folgen kann.

5. Haltungen können auch brüchig werden: in Krisen und Grenzsituationen kann es zu neuen Kreuz-Wegen, zu einem neuen Um-Gang mit dem Kreuz und den Kreuzen kommen.

c) Chancen für die Bildungsarbeit

Aus den Überlegungen zu Grund- und Wert-Haltungen ergeben sich vielfache Chancen für die Persönlichkeitsbildung nicht nur im Sport- und Religionsun-terricht. Der Fantasie sind keine Grenzen gesetzt, um diese Haltungen im gesamten Schulleben einzusetzen. Haltung und Bewegung mit dem Kreuz betrifft alle Beteiligten: Schüler, Lehrer, Verwaltungen und Verantwortliche. Haltungen können jederzeit wahrgenommen, eingenommen, nachgeahmt, mit-vollzogen, vorgeführt, abgelehnt, eingeübt, ritualisiert, verbalisiert, dramati-siert, visualisiert, modelliert, parodiert, reflektiert, kritisiert, stabilisiert und korrigiert werden.

Diese Haltungsarbeit kann der gesamten Schulentwicklung dienen und gleich-zeitig zum Beispiel die Gewissensbildung in Gang setzen.

d) Biblische Impulse (aus einem Projekt zum Berufsinformationstag)

In jedem Menschen ist das Bedürfnis nach aufrechter Haltung grundgelegt. Die Bibel schildert die Erfahrungen von Krisen, Tiefschlägen, Niedergeschlagenheit und Verzweiflung. Ebenso durchzieht die Bibel der Weg der Erlösung und der Befreiung seit dem Sünden-Fall (vgl. den Fall Jesu unter der Last des Kreuzes). Das Volk und jeder Einzelne sehnt sich nach der Zuwendung Gottes und dem auf-richtenden Wirken Jesu Christi.

Beispiel 1: 10 Gebote

In einer zeitgemäßen Formulierung erscheinen die Gebote am Sinai nicht als Lebenseinschränkung und Verbote, sondern als Weg-Weiser für die Sehnsucht

4.3

nach persönlicher Freiheit und der Suche nach erfülltem Leben in aufrechter Haltung. Diese 10 Gebote lassen sich in Wort und Bild von den Schülern formulieren, darstellen und präsentieren.

Beispiel 2: Gleichnis vom Weinbergsbesitzer

Hoffnungsvoll haben sich Tagelöhner (heutige Bezeichnungen?) auf dem Arbeitsmarkt in der Stadt eingefunden. Manche bleiben ohne Arbeit und sacken in sich zusammen. Doch unerwartet erhalten sie doch noch Gelegenheit für eine Stunde Arbeit und sie bekommen sogar den gleichen Lohn wie die Anderen. In dieser „Ungerechtigkeit" zeigt sich Gottes Haltung, wie er „abrechnet": Gerechtigkeit im Maßstab Gottes bedeutet vor allem, den Menschen aufzurichten, ganz gleich in welchem Zu–Stand er ist.

Ein beherztes, auf–bauendes pädagogisches Handeln im Sinne der aufrichtenden Haltung bewirkt sicherlich einige „Wunder" bei den zahlreichen ausbildungs- und berufslosen Jugendlichen in den entsprechenden Klassen.

e) Stationen-Lernen: Heilende Bewegung auf dem Kreuz-Weg

In Sport und Religion soll die Haltung Balance für Leib und Seele schaffen. Viele junge Menschen sind von Kindesbeinen an mit Haltungsschäden behaftet, weil ihnen die Bewegung und die richtige Nahrung fehlen. Heilung an Leib und Seele ist nicht nur ein billiges Versprechen von Scharlatanen, sondern sie kann auch im Unterricht und in der Schule erfolgen: Heilung ist Bewegung des Kreuzes und mit dem Kreuz, Heilung geschieht auf Kreuz-Weg-Stationen, die wir selber ausdenken und einüben können; jede Gruppe, jeder Einzelne, jede Schule. Stellen Sie sich einmal folgende Stationen vor, die eine Schreinerklasse des zweiten Ausbildungsjahres aufgestellt hat:

1. Mein Kreuz: ich kann nicht aufrecht stehen, gehen und sitzen
2. Ich bin überkreuz mit mir, meinem Vater, meinem Chef
3. Ein Kreuz durch meine Rechnung: alles kam ganz anders
4. Ich habe echte Kreuz-Schmerzen
5. Aufs Kreuz gelegt: Ich muss mich/lasse mich bücken, verbiegen, krümmen
6. Ich habe ein Hohl-Kreuz – wo ist mein Rückgrat?
7. Gebeugt, gefallen, gefoltert.
8. Kreuz-Wörter, Kreuz-Bilder
9. Ich muss, ich will mein Kreuz tragen
10. Meinen Rücken stärken, aufrichten, trainieren, selbst aufstehen
11. Aufheben, stützen, Anderen helfen
12. Auferstehung: Glaube, Hoffnung, Liebe.

Jutta Elster, Cornelia Wenske
In der Zeit leben – eine Werkstatt zum Religionsunterricht

In unserem Leben erfahren wir Zeit auf unterschiedliche und vielfältige Weise. Auseinandersetzungen, Diskussionen und Publikationen zum Thema Zeit erfolgen oft vordergründig unter ökonomischem Aspekt, aber die Frage nach individuell gestalteter Zeit bleibt dabei unbeachtet.

Persönliche Erfahrungen mit Zeit haben jedoch ihren Platz im Leben des Menschen. Unter dem anthropologischen Aspekt der Ganzheitlichkeit werden diese Fragen auch entsprechend der Vorgaben der Thüringer Lehrpläne im Religionsunterricht thematisiert.

Ziel des Workshops zum Thema „In der Zeit leben" sollte sein, unterschiedliche Aufgabenangebote für SchülerInnen auszuprobieren, an sich selbst zu erleben und daran anknüpfend Erfahrungen auszutauschen.

Zu Beginn stellten wir Collagen mit Texten vor, die von LehrerInnen anlässlich eines Fortbildungstages BRU in Thüringen erarbeitet wurden.

In der folgenden Arbeitsrunde setzten sich die TeilnehmerInnen nach eigener Themenwahl mit Aufgabenstellungen wie
- Elfchen zum Thema Zeit mit eigenen kreativen Illustrationen,
- Pink Floyd: Time – Wie erlebst **du** Zeit?
- Schreibaufgabe „Zeit erleben" – ein Alltagsgedicht und einer
- Fotobildgeschichte Zeit im Bild
auseinander.

Im Ergebnis gestaltete sich ein anregendes erfahrungs- und erlebnisreiches Gesprächsforum, aus dem wir als Empfehlung weitergeben möchten, sich immer wieder einmal in die Rolle der SchülerInnen zu begeben sowie sich den eigenen Aufgaben selbst zu stellen und das nicht nur für den Religionsunterricht.

Schreibaufgabe „Zeit erleben"

Rhythmus
Aufwachen ohne Wecker
Wunderbarer heißer Tee
Die Apfelsine schmeckt vorzüglich
Müde, wache, heitere Gesichter in der Klasse
Gespräche auf dem Flur
Eile, Laufschritt, tiefes Atemholen
Blutdruckmessung
Leise Musik
Zeitung lesen
Tee mit schwarzer Schokolade genießen
Duschen, Schwimmen
Freude
Stadtrundgang
Gespräche
Freude aufs Bett

Elfchen zu „Zeit im Bild"
Lebendigkeit
Suchende Augen
Viele fragende Gesichter
Finde ich die Antwort
Hoffnung

Cornelia Wenske

4.5

Joachim Schmidt
Kompetenzentwicklung von Lehrerinnen und Lehrern an beruflichen Schulen – Entwicklungen und Modelle

„Kompetente Schüler – Kompetente Lehrer": unter diesem Motto stand das diesjährige Berufsschulsymposium in Erfurt und während sich viele Beiträge mit der Frage von Bildungsstandards und Schülerkompetenzen beschäftigten, warf das Institut für berufsorientierte Religionspädagogik in seinem Workshop einen Blick auf die Frage der Kompetenzentwicklung von Lehrern. Dass hier manches im Argen liegt und dass die klassischen Formen der Lehrer-Weiterbildung oftmals wenig effektiv sind, ist keine neue Erkenntnis: **„Wenn berufsrelevante Kompetenzen weder während des Studiums noch in weiteren Ausbildungsphasen, sondern primär autodidaktisch und <u>on the job</u> erworben werden, wirft das ein trübes Licht auf die Funktion der institutionalisierten Lehrerbildungssysteme."**[1]

[1] D. Fischer (2005): Neun Thesen zur Lehrerbildung. In: Katechetische Blätter 5 (2005). S. 334-338.

Dem pessimistischen Grundton der Aussage von D. Fischer kann man sich in Bezug auf die Zukunftsfähigkeit von traditionellen Seminarmodellen der Weiterbildung für Lehrer nur anschließen – es gilt aber gleichzeitig ressourcenorientiert die Chance dieser Situation nicht aus den Augen zu verlieren. Lehrer lernen primär „on the job". In der konkreten eigenen Berufspraxis – und eben nicht am „grünen (Seminar-)Tisch" - werden die Kenntnisse und Fertigkeiten selbst erworben, die man für die Ausübung der eigenen Berufstätigkeit braucht.

Dass berufsrelevante Kompetenzen primär on the job erworben werden ist nach unserer Ansicht kein zu beklagendes Phänomen, sondern **die** Chance der Lehrerbildung der Zukunft. Im Workshop wurden daher Möglichkeiten und Wege aus der Berufspädagogik beleuchtet, die für eine solche Neuorientierung in der Kompetenzentwicklung von Lehrenden fruchtbar gemacht werden können.

Drei in der betrieblichen Weiterbildung erprobte Ansätze wurden daher vorgestellt und im Hinblick auf ihre Tauglichkeit für die Lehrerbildung diskutiert:

[2] Vgl. B. Overwien (2001): Debatten, Begriffsbestimmungen und Forschungsansätze zum informellen Lernen und zum Erfahrungslernen. In: Senatsverwaltung für Arbeit, Soziales und Frauen: Tagungsband zum Kongress „Der flexible Mensch". Berlin. S. 359-376.

- **Informelles Lernen:** Das informelle Lernen – ein in ganz Europa stark diskutiertes und nur in Deutschland bisher etwas vernachlässigtes Modell – betont, dass Lernen nicht nur durch formale Lernprozesse, sondern wesentlich auch „beiläufig" erfolgt.[2] Auch Lehrer lernen „beiläufig", machen doch bspw. manche Religionslehrer die Erfahrung, dass sie biblische Zusammenhänge und Fakten erst lernen, wenn sie sie für den Unterricht vorbereiten.

Für eine zukunftsorientierte Lehrerbildung stellt sich die Frage: **Welche Elemente informellen Lernens enthält der Lehrerberuf und wie können wir sie nutzbar machen?**

- **Implizites Wissen:** Experten besitzen ein „Erfahrungswissen" – eben ein „Können" –, das sie zwar in konkreten Handlungen zeigen, aber oft nicht angemessen explizieren können. So gelingt es vielen Mentoren nicht, auf die Frage von Referendaren angemessen zu antworten, warum sie in einer gegebenen Situation (bspw. einem Konflikt in der Klasse) so und nicht anders reagiert haben.[3] Es stellt sich also die Frage, wie „Novizen" (z.B. Referendare oder Praktikanten, aber auch Junglehrer) von „Könnern", die ihr professionelles Erfahrungswissen oft nicht angemessen explizieren können, dennoch lernen können. Aus der berufspädagogischen Forschung[4] wissen wir, dass hier das Lernen in Meister-Lehrlings-Beziehungen eine zentrale Rolle spielt – ein Aspekt, der aber wenig bekannt und kaum genutzt ist.

Für eine zukunftsorientierte Lehrerbildung stellt sich die Frage: **Wie kann vor allem die Mentoren-Referendars-Beziehung für das Erlernen professionellen Könnens genutzt werden?**

- **Arbeitsprozessorientiertes Lernen:** Einige betriebliche Weiterbildungsmodelle setzen genau auf den Faktor, der im obigen Zitat beklagt wurde: auf selbstgesteuertes Lernen der Weiterbildungswilligen – allerdings mit einer Reihe von begleitenden Hilfen, beispielsweise durch fachliches und methodisches Coaching/Mentoring.

Für eine zukunftsorientierte Lehrerbildung stellt sich die Frage: **Wenn das Lernen im Prozess der Arbeit kein beklagenswertes Phänomen, sondern eine Chance ist – welche Lern-Begleitung erfahren dann Lehrer heute, um diesen Lernprozess zu nutzen?**

Zusammenfassend lassen sich drei zentrale Momente in den genannten modernen betrieblichen Weiterbildungsformen festhalten, die m.E. unbedingt für eine zukunftsorientierte Lehrerbildung erschlossen werden müssten:

1. **Selbstgesteuertes Lernen:** Lernen geschieht in Eigenverantwortung und im eigenen Lerninteresse. Dabei können aber durchaus äußere Vorgaben gemacht werden (Zielvereinbarungen, Referenzprozesse).

2. **Lernberatung:** Coaching in fachlicher und/oder methodischer Hinsicht durch einzelne Lernberater oder in Gruppen kollegialer Intervision

[3] Vgl. F. Arning (2000): Kompetenzorientierung der Lehrerbildung. In: M. Bayer – F. Bohnsack – B. Koch-Priewe – J. Wildt (2000): Lehrerin und Lehrer werden ohne Kompetenz? Professionalisierung durch eine andere Lehrerbildung. Bad Heilbrunn. S. 302-315.

[4] Hier v.a. die Veröffentlichungen: G. Neuweg (1999): Könnerschaft und implizites Wissen. Zur lehr-lerntheoretischen Bedeutung der Erkenntnis- und Wissenstheorie Michael Polanyis. Münster. G. Neuweg (2000): Mehr lernen, als man sagen kann: Konzepte und didaktische Perspektiven impliziten Lernens. In: Unterrichtswissenschaft 3(2000), S. 197-217. G. Neuweg (2004): Tacit knowing and implicite learning. In: Office for Official Publications for the European Communities (Hg.) (2004): European Perspectives on Learning at Work. The Acquisition of Work Process Knowledge. Luxemburg. S. 130-147.

3. **Lernen im Prozess der Arbeit:** Weiterbildung nicht am grünen Seminartisch, sondern anhand der (reflektierten) Durchführung konkreter Arbeitsprozesse (Portfolio-Arbeit in der Lehrerbildung).

Das Institut für berufsorientierte Religionspädagogik möchte gerne an solchen neuen Formen der Aus- und Weiterbildung arbeiten und lädt alle interessierten Lehrerinnen und Lehrer sowie alle Aus- und Weiterbildner ein, sich an diesem Prozess zu beteiligen. Vorstellbar wäre bspw. ein vom IboR organisierter Workshop zu den genannten Themen: info@ibor-tuebingen.de oder telefonisch: 07071-297-4049.

Bernd-Joachim Ertelt, Harald Lang
Prävention von Ausbildungsabbrüchen –
Anfragen an die Religionspädagogik

1. Problemstellung

Im Mittelpunkt des Arbeitskreises steht die Prävention von dysfunktionalen Ausbildungsabbrüchen, also solchen, die den jungen Menschen aus der beruflichen und damit oft auch aus der sozialen Bahn zu werfen drohen. Den entsprechenden Beratungs- und Unterrichtsangeboten können jedoch die nach manifesten Abbrüchen offiziell angegebenen Begründungen nur zum Teil zu Grunde gelegt werden. Vielmehr muss die Abbruchsneigung der jungen Menschen zum Gegenstand eigenständiger Betrachtung gemacht werden.

Es waren folgende kritische Fragen an die Religionspädagogik für die Diskussion vorgesehen:
- Wo in den Lehrplänen für RU finden sich Themen zu Ausbildungsproblemen, z.B. Stress am Arbeitsplatz, Mobbing, Leistungsversagen, Beziehungen zum Ausbilder, zu den KollegInnen, einseitige Tätigkeiten?
- Wo werden Beziehungsprobleme mit FreundInnen, Eltern, PartnerInnen in ihren Auswirkungen auf die Beruflichkeit angesprochen?
- Wie wird auf die Notwendigkeit, Lebensziele oder Lebensentwürfe zu ändern oder anzugleichen, eingegangen?
- Wie wird das Thema „Angenommensein trotz Scheitern" in Bezug auf die Ausbildung behandelt?
- Wie sind die ReligionspädagogInnen darauf vorbereitet, die Balance zwischen professioneller Empathie und Compassion in Bezug auf die Abbruchsneigung und das Abbruchsgeschehen im konkreten Fall herzustellen?
- Wie sieht das Angebot, den jungen Menschen auch zu begleiten, wenn er abgebrochen hat, aus (follow-up)?

2. Methodisches Vorgehen

Der Arbeitskreis wollte ein Forum für den Austausch von Erfahrungen der TeilnehmerInnen in Bezug auf die vorab gestellten Fragen bieten.

Die kurze Einführung erfolgte auf der Basis des Artikels von Ertelt, Ullrich, Lang: Ausbildungsabbruch – Portfolio als Instrument der Abbruchsprävention – Portfolio im Religionsunterricht (Neues Handbuch Religionsunterricht an berufsbildenden Schulen, hrsg. v. der Gesellschaft für Religionspädagogik und dem Deutschen Katechetenverein, 2005, S. 378-399)
Ergänzt wurde dieses durch Darstellung von Ergebnissen aus einer noch nicht veröffentlichten Längsschnittstudie zur Abbruchsneigung und zum manifesten Ausbildungsabbruch.
Außerdem erhielten die Teilnehmer Kopien der Folien mit den grundlegenden Aspekten der Hilfe im Religionsunterricht in berufsbildenden Schulen.

Der Erfahrungsaustausch im Arbeitskreis sollte sich vor allem auf drei Aspekte beziehen:
- Wie kann **Niederschwelligkeit** bei Ausbildungsproblemen und Abbruchsneigung in Bezug auf die Inanspruchnahme qualifizierter Hilfe durch Religionspädagogen hergestellt werden? (Marketing-Aspekt)
- Wie lassen sich die Anzeichen und Ursachen für Ausbildungsabbrüche zutreffend erkennen und interpretieren? (Objekttheoretische Ansätze)
- Welche Methoden zur Hilfe zur Prävention dysfunktionaler Ausbildungsabbrüche und zur Reduzierung von Ausbildungsproblemen sind heranzuziehen? (Operative Theorien)

Die Teilnehmer sollten möglichst aus der eigenen Schulpraxis Modelle und Vorgehensweisen zur Diskussion stellen. Der Arbeitskreis war auch gedacht als Nukleus für einen über die Tagung hinausgehenden Initiativkreis.

3. Diskussionsverlauf und Ergebnisse

Herr **Henning Eden**, Oldenburg, berichtete über eine von ihm im Religionsunterricht praktizierte Vorgehensweise „Meine Berufslinie von 0 - 50 Jahre". Dabei legen die Schüler ihre eigene Berufsbiographie jeweils den anderen Schülern in Dreiergruppen oder Partnerarbeit dar. Sie stellen sich quasi gegenseitig vor und werden zur Selbstreflexion angeregt. Dies geschieht zweimal, am Anfang des Schuljahres und etwa nach einem halben Jahr mit Rückblick und aktueller Bewertung.

Frau **Anna Reiß**, Graz, stellte ihr Modell „Arbeit als Schöpfungsauftrag" für die erste Religionsstunde vor. Hierbei geht es anhand spezieller Karikaturen um die religionspädagogische Interpretation der betrieblichen Ausbildungssituation, der eigenen Stärken und der belastenden Faktoren.

- In der Diskussion wurde empfohlen bei Selbstreflexionen in Kleingruppen den „Es-Modus" zu wählen, damit der Persönlichkeitsschutz besser gewahrt bleibt. Außerdem müsse man nach den Unterschieden je nach Berufsgruppe in Bezug auf die Realisierbarkeit solcher Verfahren fragen.
- Die Nutzung der Kleingruppen- oder Partnerarbeit bedeutet „Peer-Counselling" und muss dementsprechend in Atmosphäre geschehen.
- Guter fachlicher Unterricht ist die Brücke zum persönlichen Vertrauen der Auszubildenden. Wenn man „sich in der Sache begegnet" entsteht eine Atmosphäre, in der man auch mal einen Fehler machen kann ohne ausgelacht zu werden. Der Lehrer wird zum Lernprozessbegleiter, der Interesse am Weiterkommen der Auszubildenden glaubhaft lebt.
- In einem solchen Unterrichtsverständnis können die Rahmenbedingungen des Unterrichts zu selbst verpflichtenden Regeln werden.
- Lehrkräfte werden dann als Berater ins Vertrauen gezogen, wenn der Unterricht didaktisch-methodisch so aufgebaut wird, dass sich die Auszubildenden die Inhalte weitgehend selbst aneignen können; dies muss in einer sicheren Atmosphäre geschehen, in der sich der Einzelne selbst erleben kann.
- Der Lehrer soll nicht Therapeut, sondern Begleiter sein, „der persönlich mitgeht".
- Durch die Betonung der sachbezogenen Kooperation zwischen Lehrern und Auszubildenden entsteht fachlich-berufliche Solidarität; dies bezieht sich nicht nur auf den Fachunterricht sondern auf die Zusammenarbeit in der gesamten Berufsschule.
- Gemeinsame Portfolio-Arbeit im Sinne der im Artikel Ertelt, Ullrich, Lang dargestellten Basis für gemeinsame Reflexion kann als Beweis für eine gelungene gegenseitige Verlässlichkeit gedeutet werden.

Die TeilnehmerInnen am Arbeitskreis vereinbarten die Fortführung ihres Erfahrungsaustausches.

Rainer Bucher
Wie viel religiöse Kompetenz brauchen BerufsschülerInnen?
Einige christliche Perspektiven zu einer heiklen Angelegenheit

I. Die Problemstellung: Die Rückkehr der Religion

1. Das halbe Verschwinden

Irgendwie hatten alle mit dem sanften Verschwinden der Religion aus der Öffentlichkeit gerechnet. Der Marxismus früher sowieso, aber auch, etwas vornehmer, der liberale Kapitalismus, effektiver in allem, auch darin, die Religion zu marginalisieren. Man hatte sich angewöhnt, diesen Prozess mit dem etwas schillernden Begriff „Säkularisierung" zu belegen, und tatsächlich trifft er ja Realität.

Wenn man unter Säkularisierung versteht, dass religiöse Gehalte und Geltungsansprüche in den Privatbereich ausgelagert und im öffentlichen Bereich weitgehend neutralisiert werden, dann sind westeuropäische Gesellschaften tatsächlich mehr oder weniger säkularisiert. Das muss man auch nicht allzu sehr bedauern. Der heiße historische Kern des europäischen Säkularisierungsprozesses sind schließlich die Millionen Toten, welche die Religionskriege der frühen Neuzeit kosteten. Kein Wunder, dass danach die Gesellschaft begann, immer mehr ihrer Handlungssektoren religionsunabhängig zu machen.

Aber Religion ist immer nur halb verschwunden. Unsere Gesellschaft ist alles andere als säkularisiert, wenn man unter Säkularisierung die generelle Neutralisierung religiöser Gehalte, ihr grundsätzliches Verschwinden versteht. Das ist offenkundig – von wenigen postkommunistischen Regionen Europas abgesehen – nicht der Fall. Freilich: Religion arrangiert sich gegenwärtig institutionell neu. Sie dereguliert sich und vergesellschaftet sich zunehmend nach jenem Muster, nach dem in dieser Gesellschaft nun einmal immer mehr organisiert wird: Sie organisiert sich nach den Regeln des Marktes. Die alten, ein wenig verwöhnten und immer noch privilegierten Anbieterinstitutionen der Religion setzt das unter massiven Transformationsstress, und es ist noch lange nicht ausgemacht, ob sie ihre altbewährte Anpassungskompetenz reaktivieren können.

Ganz verschwunden ist sie also nie wirklich, die Religion. Aber Religion war irgendwie harmlos und berechenbar geworden. Nun aber kehrt sie zurück. Und das an zwei auf den ersten Blick recht gegensätzliche Orte.

2. Rückkehr der Religion I: Das Ich, der Körper, die Seele

Der letzte übriggebliebene alte wie der erste neue Ort der Religion ist die eigene Biografie, ist die Sehnsucht, dem eigenen Leben wenigstens eine halbwegs sinnvolle Gesamterzählung geben zu können, mindestens sich selber. Generell gilt ja: Der einzige Ort, an dem die disparaten Teile der Gesellschaft noch verbunden werden, genauer: verbunden werden müssen, ist das Individuum. Es hat die unterschiedlichen sozialen Ansprüche in Einklang zu bringen – und wird in dieser Aufgabe schier zerrissen.

Differenzierte Gesellschaften fordern im Gegenzug für die Freisetzung aus alten Zwängen von ihren Mitgliedern ziemlich unverfroren etwas ganz Neues: die Fähigkeit zu Integration des Unterschiedlichsten. Die Entbettung der Biografien aus fast allen räumlichen, politischen, religiösen, familiären und geschlechts-rollentypischen Fixierungen vergangener Zeiten entwertet die meisten der früher notwendigen Lebensleistungen wie „Einordnung", „Nachfolge", „Stabilität" und installiert praktisch gegenteilige Forderungen: Selbstbewusstsein, Initiative, Flexibilität.

Die komplexen Biografien in spätmodernen, ausdifferenzierten Gesellschaften produzieren immer mehr Unwägbarkeiten und schaffen damit einen hohen individuellen Sinnstiftungsbedarf. Wo das Leben zum individuellen Projekt wird, da werden seine Gefährdungen zu besonders schlimmen Katastrophen, nicht zuletzt, weil sie sich der/die Einzelne in weit höherem Maße selbst anrechnen lassen muss, schließlich hatte er/sie, zumindest grundsätzlich, die Wahl. Der Sinnstiftungsbedarf der späten Moderne, nicht zuletzt übrigens ein Heilungs-bedarf an Körper und Seele, er wird zunehmend wieder religiös befriedigt.

Das ist verständlich, aber nicht harmlos. Und es geschieht nach dem Gesetz von Angebot und Nachfrage.

3. Rückkehr der Religion II: 11. 9. 2001, 9.03

Die andere Rückkehr der Religion fand am 11. September 2001, 9.03 statt. Spätestens mit dem zweiten Einschlag in das WTC war klar: Es ist kein Unfall, sondern ein Manifest, eine Symbolhandlung mit fast beispielloser Aufladung und, in diesem Falle, fatal realer Wirkung. Damals, spätestens, begann die reli-gionspolitische Gegenwart.

Rainer Bucher

Wie viel religiöse Kompetenz brauchen BerufsschülerInnen?
Einige christliche Perspektiven zu einer heiklen Angelegenheit

5.0

Die Globalisierung konfrontiert die modernen Gesellschaften dramatisch mit dem fast schon vergessenen Gewaltpotential der Religion. Dieses Gewaltpotential ist bekanntlich enorm und kein von der Religion zu trennendes Phänomen, es ist ihr vielmehr unmittelbar eingeschrieben. Denn Religion ist weder harmlos noch an sich etwas Gutes, allein schon deshalb, weil sich das Heilige der Religionen und das Gute nicht notwendig decken.

„Zeige keine Anzeichen der Verwirrung und nervlicher Anspannung, sondern sei froh, glücklich, heiter und zuversichtlich, weil du eine Tat ausführst, die Gott liebt und die er gutheißt." – So heißt das dann in der „Geistlichen Anleitung" für die Attentäter des 11. September 2001. „Ein Ritter Christi, sag ich, tötet mit gutem Gewissen; noch ruhiger stirbt er. Wenn er stirbt, nützt er sich selber; wenn er tötet, nützt er Christus." – So hieß das bei Bernhard von Clairvaux in seiner Kreuzzugspredigt von Vézelay im Jahre 1146. Die „Gottesgewalt" (Sander) der Religion hat sich im September 2001 mit aller nur möglichen inszenatorischen Dramatik in die Wahrnehmung westlicher Gesellschaften zurückgebombt.

Diese Gottesgewalt ist Thema und Problem, sobald man es mit Religion zu tun hat, auch im Christentum. Die katholische Kirche ist da, einigen Heiligen, der Aufklärung und dem II. Vatikanum sei Dank, gerade rechtzeitig macht- und gewaltlos geworden, um sich von den religiösen Gewaltausbrüchen radikaler Flügel anderer Religionen halbwegs glaubhaft distanzieren zu können.

4. Religion: Welche?
Nun ist es schlicht naiv, die etwas überraschende Wiederkehr der Religion freudig zu begrüßen. Das gilt für die christlichen Kirchen, denn sie vertreten nicht Religion überhaupt, sondern die Botschaft des Jesus von Nazareth, und die war und ist religionskritisch wie weniges andere. Das gilt aber auch für die Gesellschaft. Denn wenn die religiöse Temperatur in ihr steigt, wird es vor allem erst einmal eines: gefährlich.

Wer wie Religionen das Höchste und das Niedrigste, Anfang und Ende, Tod und Leben theoretisch thematisiert, ästhetisch präsentiert und rituell aktualisiert, der hat das Gewalt- und Verführungspotential all dieser Themen auf dem Tisch und operiert damit in den Herzen, Hirnen und Körpern seiner Gläubigen. Wer mit dem Gottesbegriff über eine – definitionsgemäß – mit höchster, ja mit Allmacht versehene Kategorie verfügt, wer diese Kategorie in seine Diskurse und hinter seine Praktiken schieben kann, der besitzt, so man ihm glaubt, gewaltige Macht über die Körper und Seelen seiner Anhänger, und damit auch über die möglichen Opfer der Opferbereitschaft seiner Gläubigen.

Freilich: Man kann dieser Gefahr nicht entgehen, indem man Religion und etwa den Gottesbegriff streicht. Es setzen sich dann nämlich einfach andere Ersatz-größen, andere „god-terms" fest, praktisch im Handeln, oft auch theoretisch. Vielleicht braucht man ja den Gottesbegriff gerade auch, um der Gottesgewalt zu entgehen. Denn nur mit ihm kann man sie identifizieren – und nur mit ihm ihr nicht unterliegen.

Alle Orte der Religion sind heikel und prekär, wenn nicht Sicherungen einbaut sind, und zwar im Kern des Gewalt- und Verführungspotentials der Religion: also im Gottesbegriff selber. Schaut man da auf das Christentum und seine Ge-schichte, findet man Trost – und fällt gleich wieder in Trauer. Im Kern des Chris-tentums steckt nämlich, glaubt man dem Jesus der Evangelien, ein Gott, der in einer merkwürdigen Dialektik der Nähe und Distanz zu den Menschen bleibt, der seine Nähe zusagt, aber nicht als Sicherheit des Besitzes, sondern als Sicherheit der Entdeckbarkeit. Im Kern des Christentums steckt ein Gott, der in niemandes, nicht einmal in seines Christus Händen und in seines Christus Mund einfach so verfügbar ist.

Religion also ist ein Thema der Gegenwart. Wie aber steht es mit ihrem Unter-richt? Also mit dem, was Sie tun: Wie steht es mit dem Religionsunterricht, speziell an beruflichen Schulen?

II. Der neue Rechtfertigungsdruck des Religionsunterrichts

Ich möchte hier die These vertreten, dass die gegenwärtigen Akzeptanzpro-bleme des Religionsunterrichts bei gesellschaftlichen Entscheidungsträgern und bisweilen auch im Alltag der konkreten schulischen Prioritätenentscheidun-gen weniger aus ihm selber herrühren als vielmehr aus zwei sehr fundamentalen Entwicklungen, die seine institutionelle Sicherung zunehmend in Frage stellen.

Zum einen **verlieren die Kirchen das Monopol auf Religion in unserer Gesellschaft**, im marktwirtschaftlichen Jargon der Gegenwart gesagt: Sie wird vom Quasimo-nopolisten zum bedrohten Marktführer. Das ist das Telekom-Phänomen. Hierfür nur eine Zahl: Der Sonntagskirchgang lag bei deutschen Katholiken 1950 bei 51 %, im Jahr 2004 bei knapp unter 16 %. Gleichzeitig – und auch das gehört noch zum Telekom-Phänomen – bleibt der **religiöse Markt durchaus virulent**.

Religion vergesellschaftet sich gegenwärtig neu: Sie individualisiert sich auf der Nachfrageseite – jeder und jede kann sich seine/ihre persönliche Religion selbst

Rainer Bucher

Wie viel religiöse Kompetenz brauchen BerufsschülerInnen?
Einige christliche Perspektiven zu einer heiklen Angelegenheit

5.0

[1] Vgl.: Thomas 1998.

[2] Vgl.: Baecker 2003.

zusammenstellen und tut dies auch –, aber auch auf der Anbieterseite: Einige ihrer Merkmale wandern aus in andere kulturelle Handlungsfelder, so zum Beispiel in die Medien[1], in die kapitalistische(n) Wirtschaftsform(en)[2] oder auch in eine neue (trivial-)ästhetisierende Kunstreligion um Museen und Pop-Events. Das hat für die Kirche natürlich brisante Konsequenzen: Zum Beispiel wandeln sich ihre internen Kommunikationsverhältnisse von Herrschaftsbeziehungen zwischen Anweisenden und Ausführenden in Tauschbeziehungen zwischen Anbietern und Nachfragenden.

Anders gesagt: Die Kirchen des Westens stehen seit einiger Zeit unter dem **Zustimmungsvorbehalt ihrer eigenen Mitglieder.**

Damit bricht der **kirchlich-institutionelle Pfeiler des Religionsunterrichts** nach und nach weg. Dass heutige SchülerInnen kaum mehr eine kirchliche Sozialisation aufweisen, das ist mittlerweile Allgemeingut geworden. Heutige Schülerinnen und Schüler kommen im Regel-, nicht im Ausnahmefall ohne jegliche religiösen Vorkenntnisse in die Schule, ihr primärer Wahrnehmungsraum sind nicht die religiösen Symbole unserer Tradition, sondern die Ikonen der globalen Medienkultur.

Aber noch ein zweiter Akzeptanzpfeiler des Religionsunterrichts scheint zu bröckeln. Nach einer im April 1999 veröffentlichten Umfrage der Bundesvereinigung der Deutschen Arbeitgeberverbände halten mehr als 80 % aller ausbildenden Betriebe den Verzicht auf das Fach Religion für vertretbar.[3] Hauptargument für die Forderung nach einer ersatzlosen Streichung ist dabei die angespannte Situation auf dem Arbeitsmarkt. Statt die Schulbank zu drücken, sollten sich die Azubis lieber praktische Berufskenntnisse aneignen.

[3] Vgl. KNA-ID Nr. 18 vom 5. 5. 1999, S. 6.

Zwar sei die Erziehung zu Werten wie Fleiß, Zuverlässigkeit, Pünktlichkeit oder Verantwortungsbewusstsein auch für den Betrieb wichtig, so der Bonner Unternehmer Dietrich Otte bei der Vorstellung der Studie. Zwischen den theoretischen Lehrplanvorgaben und der schulischen Praxis aber gebe es deutliche Differenzen. Als Unternehmer sei er gezwungen, alles unter dem Blickwinkel des betrieblichen Nutzens zu sehen. Dieser sei aber häufig im Fach Religion nicht erkennbar. Herr Otte ist übrigens nicht nur jener Autohändler, bei dem wir zufällig mal ein Auto gekauft haben, sondern, wie ich von gemeinsamem Kirchgang weiß, praktizierender Katholik.

Nun freilich gibt es auch ein sehr viel freundlicheres Papier zwischen Kirchen, Gewerkschaften, Arbeitgebern und Handelskammern vom Dezember 1998, das im Religionsunterricht an der Berufsschule eine „lebensbedeutende Aufgabe"[4] sieht und ihn in das Konzept der Kompetenzentwicklung integriert. Die Konflikt-lage ist also unübersichtlich. Und doch glaube ich, dass die Argumentation von Dietrich Otte exemplarisch ist: Es gilt, alles unter dem Blickwinkel des betrieb-lichen Nutzens zu sehen, der dann sofort umgelegt wird auf den individuellen Nutzen für den Einzelnen.

[4] Kommissariat der Katholischen (Erz-) Bistümer in NRW/Büro der Evang. Landeskirchen Düsseldorf 1998.

Alle nicht unmittelbar berufsverwertbaren Fächer geraten gegenwärtig unter verstärkten Legitimationsdruck. Es scheint schlicht, als ob das ökonomische Subsystem im Kampf der Codes um (relative) Vorherrschaft in der Gesellschaft gegenwärtig in der Offensive ist. Es gibt offenkundig so etwas wie eine Ökonomi-sierung immer zahlreicherer Lebensbereiche.

Nach dem beinahe alternativlosen Sieg des marktwirtschaftlichen Wirt-schaftssystems wird dessen Wirklichkeitswahrnehmung offenkundig zur privi-legierten Interpretationsperspektive der Wirklichkeit überhaupt. Das gilt ja nicht nur für den Religionsunterricht, sondern für viele andere Bereiche unserer Gesellschaft: den Bildungssektor bis hin zu den Universitäten, den Sport und die Medien, alles wird zunehmend unter ökonomischen Gesichtspunkten betrachtet. Das ist für sich natürlich legitim, problematisch wird es, wenn sich diese Perspektive der Wirklichkeit immer weiter absolut setzt, ein Monopol auf Wirklichkeitsinterpretation für sich beansprucht, so als ob es nicht **eine** Perspektive der Wirklichkeit, sondern die einzige, wenigstens die einzig wirklich wichtige wäre.

Sie ist es aber eben nicht. Es scheint wieder einmal an der Zeit, einfache Tatsachen zu erinnern: etwa die, dass der Mensch nicht vom Brot allein lebt, übrigens auch, dass er mehr als die Summe seiner Gene ist. Und zu erinnern ist auch, dass der Mensch nicht für den Sabbat, sondern der Sabbat für den Menschen da ist. Dieser Grundsatz Jesu gilt für alle Institutionen: Sie sind für den Menschen da, nicht er für sie. Das gilt für ökonomische Institutionen, also die Wirtschaft, aber auch für religiöse, etwa die Kirchen.

Die Entmonopolisierung der Kirche auf dem Feld des Religiösen wie der prak-tisch alternativlose Sieg des westlich-marktwirtschaftlichen Gesellschaftsmo-dells bringen die Kirchen und somit auch den Religionsunterricht und gerade an berufsbildenden, also für konkrete Berufe vorbereitenden Schulen in einen ver-stärkten Begründungszwang. Das hat die Kirche nicht zu beklagen, sondern diese Situation hat sie zu meistern.

Rainer Bucher

Wie viel religiöse Kompetenz brauchen BerufsschülerInnen?
Einige christliche Perspektiven zu einer heiklen Angelegenheit

5.0

Mit anderen Worten: Die Kirche wird nicht darum herum kommen, die Auseinandersetzung um den Religionsunterricht als Auseinandersetzung um die Plura-
lität der Wirklichkeitsinterpretationen zu führen, und das offensiv. Nicht um nun
ihrerseits ein Definitionsmonopol zu erkämpfen, sondern um sicher zu stellen,
dass nicht die ökonomische oder irgendeine andere Sicht der Dinge alleine
herrscht. Denn Christen glauben vor allem an eins: Die Wirklichkeit geht nicht auf
in **einer** Perspektive. Sie ist zuletzt ein unendlich reiches Geheimnis. Unser
Name für dieses Geheimnis ist bekanntlich: Gott.

Ich bin auch recht sicher, dass jenseits der gerade herrschenden Trends viele
Menschen wissen und spüren, dass das Leben alleine auf RTL-Basis nicht zu
führen ist. Das Leben ist einfach viel reicher – aber natürlich auch schwerer. Vor
allem: Es ist viel wichtiger. Wir sollten allerdings nicht in Kulturpessimismus ver-
fallen, so als ob es früher keine gesellschaftlichen Verführungen gegeben hätte,
als Deutsche schon gar nicht.

Aber die Kirche muss, wir müssen uns einschalten in die Auseinandersetzungen
um die Wahrnehmung unserer Wirklichkeit. Und eine dieser Auseinandersetzungen wird um den Wert des Religionsunterrichts geführt, und die Berufsschule, als wohl wirtschaftsnäheste Schulform, ist der erste Ort, an dem es zum
Treffen kommt.

III. Über die Chancen des Religionsunterrichts

Bevor man in diese Auseinandersetzungen geht, sollte man freilich das Arsenal
der eigenen Argumente prüfen. Für wen und warum sind sie plausibel? Wie weit
tragen sie bei wem? Stellen wir also eine kleine Überprüfung des kirchlichen
Argumentationsarsenals zum Religionsunterricht an.

1. Klassische Legitimationsstrategien
Wenn ich recht sehe, gibt es grob vier klassische Argumentationsstrategien zur
Begründung des Religionsunterrichts: eine **juristische**, eine ausgesprochen
funktional-wertebezogene, eine **gesellschaftlich-kulturelle** sowie eine **pädagogisch-anthropologische**.

Die **juristische** Argumentation ist schlicht: Der Religionsunterricht ist nach GG
Art 7, Abs. 3 Satz 1 (mit Ausnahme der ausdrücklich bekenntnisfreien Schulen)
ordentliches Lehrfach an öffentlichen Schulen, die Landesverfassungen mit
Ausnahme von Bremen, Berlin und Brandenburg enthalten parallele Bestim-

mungen. Nun freilich: Kein Gesetz, auch kein Grundgesetzartikel ist auf Dauer ohne ausreichende gesellschaftliche Anerkennung zu halten. Die Auseinandersetzung um das Brandenburgische Fach LER dürfte hier nur der Vorbote kommender juristischer und politischer Konflikte sein.[5]

[5] Vgl.: Biesinger – Hänle 1997.

Eine zweite, **funktional-wertebezogene** Legitimationsstrategie ist wirklich schön formuliert im Statement des Herrn Otte: Er sprach von der „Erziehung zu Werten wie Fleiß, Zuverlässigkeit, Pünktlichkeit oder Verantwortungsbewusstsein", die auch für den Betrieb wichtig seien. Weniger ökonomistisch enggeführt verweist man dann auf die gesamtgesellschaftlich erwünschten Erziehungsziele des Religionsunterrichts wie etwa Solidarität und Toleranz, verweist man etwa darauf, dass die Schülerinnen und Schüler im Religionsunterricht lernen können, „verschiedene religiöse Wege zu tolerieren", was in der multireligiösen Gesellschaft der Bundesrepublik absolut notwendig sei.[6]

[6] So etwa Biesinger 1998, S. 37.

Auch das ist alles richtig: Sowohl Zuverlässigkeit wie Toleranz, Solidarität wie Fleiß sind anerkennenswerte Tugenden, wenn auch von ganz unterschiedlichem Stellenwert, und der Religionsunterricht sollte für sie sensibilisieren. Als Legitimationsargumentation aber ist der Verweis auf die Nützlichkeit des Religionsunterrichts zweischneidig. Denn erstens kann jeder sagen, und Herr Otte tat dies auch, „ihr wollt dies alles vermitteln, aber ihr tut es ja gar nicht", zweitens können ja auch andere solche Werte vermitteln, und drittens gilt ja wirklich der Titel eines Sammelbandes über LER: „Gott ist mehr als Ethik".

Die dritte, die **gesellschaftlich-kulturelle** Begründung des Religionsunterrichtes findet sich sehr schön formuliert im Beschluss der Synode der Deutschen Bistümer zum Thema aus dem Jahre 1972. Dort heißt es: Es brauche den Religionsunterricht, „weil die Schule den jungen Menschen mit den geistigen Überlieferungen vertraut machen soll, die unsere kulturelle Situation geprägt haben, und weil Christentum in seinen Konfessionen zu unseren prägenden geistigen Überlieferungen gehört".[7]

[7] Gemeinsame Synode der Bistümer in der Bundesrepublik Deutschland 1976[4], S. 135.

Albert Biesinger bringt das in die schöne Formulierung: „Jeder Mensch in der Bundesrepublik Deutschland hat das Recht, seinen religiösen Weg im Kontext der großen Weltreligionen im öffentlichen Schulsystem zu reflektieren." Die „großen Weltreligionen Christentum, Judentum und Islam" seien „schon Jahrhunderte, zum Teil Jahrtausende vor der Frau und dem Herrn Minister gewesen und werden diese noch lange überleben".[8] Auch das ist natürlich richtig. Wir leben in einer immer noch christlich geprägten Kultur und sie kennt man nicht, wenn man das Christentum nicht kennt. Und multikulturalitätsfähig

[8] Biesinger 1998, S. 35. Eine sehr bemerkenswerte Stellungnahme für den schulischen Religionsunterricht seitens einer deutschen Kultusministerin liegt vor mit Schavan, A., Wozu brauchen wir noch einen Religionsunterricht, in: StZ 215(1997) 3-10.

Rainer Bucher

Wie viel religiöse Kompetenz brauchen BerufsschülerInnen?
Einige christliche Perspektiven zu einer heiklen Angelegenheit

5.0

wird man ohne religiöse Kenntnisse schon gar nicht.

Aber was ist, wenn sich unsere Gesellschaft nun gerade anschickt, diese kulturellen Traditionen als „alteuropäisch" zu verabschieden samt ihren Symbolen oder ihren Rhythmen, etwa den arbeitsfreien Sonntag? Und dies ausdrücklich unter Verweis auf die nachlassende kulturelle Prägekraft der Kirchen, die ökonomischen Notwendigkeiten und die individuelle Gestaltungsfreiheit des Einzelnen?

Noch eine letzte klassische Begründungslinie ist dem Synodenbeschluss zu entnehmen: die **pädagogisch-anthropologische**. Religionsunterricht müsse es geben, so ist dort zu lesen, „weil die Schule dem jungen Menschen zur Selbstwerdung verhelfen soll und weil der Religionsunterricht durch seine Fragen nach dem Sinn-Grund dazu hilft, die eigene Rolle und Aufgabe in der Gemeinschaft und im Leben angemessen zu sehen und wahrzunehmen"[9].

[9] Gemeinsame Synode der Bistümer in der Bundesrepublik Deutschland 19764, S. 135.

Und auch da werden zumindest Christen gerne zustimmen. Aber es bleibt dann immer noch das Problem, dass dies unsere Schüler und Schülerinnen so ganz anders sehen und mit allem sie selbst werden wollen, nur nicht mit Religion.

Damit kein Missverständnis aufkommt: Ich halte alle diese Argumente für beachtenswert, unterschiedlich beachtenswert sicherlich, aber ohne Zweifel beachtenswert. Ihre große Stärke ist, dass sie von allgemeinen gesellschaftlichen Plausibilitäten her argumentieren, dass sie zu erweisen versuchen, wie gut es ist, den Religionsunterricht an der Schule zu haben. Sie verlangen kein religiöses Bewusstsein. Sie sagen: Ihr wollt mit Schule das und jenes – und wir können Euch dabei helfen. Das ist nicht falsch. Aber: Es bleibt die drängende Frage: Was ist das Besondere am Religionsunterricht? Was kann nur er?

2. Gottesbegriff
Es geht nicht um die falsche Alternative: theologische oder pädagogische Begründung des Religionsunterrichts. Es geht um das, was der Religionsunterricht ganz alleine und exklusiv anbieten kann.

Früher war das irgendwie klar: Der Religionsunterricht hatte die Mitgliedschaft in der Kirche anzubieten. Man wusste dann, worum es ging, es wurde einem ja in dieser Kirche sehr genau gesagt: Es bedeutete Sündenbewusstsein und Erlösungsmöglichkeit, es bedeutete Heimat und Gehorsam, es bedeutete Sicherheit, aber auch viele Verbote – und bisweilen leider auch schwarze Pädagogik.

Seitdem die Moderne auch bei Katholiken und Katholikinnen angekommen ist, seitdem auch die Kirche ihre Mitglieder nicht mehr vor den Pluralitätsstrudeln der Moderne abschirmen kann, ist es damit vorbei.

Natürlich wird der Religionsunterricht weiterhin die Mitgliedschaft in der Kirche anbieten und die Kirche ist auch in einer viel besseren Form, als sie in ihren resignativen Momenten selber meint. Aber diese Mitgliedschaft ist es nicht, was uns schon die Frage beantwortet, was der Religionsunterricht Besonderes anzubieten habe.

Denn auch die Kirche ist kein Selbstzweck, wenn es bisweilen in vergangenen Jahrzehnten auch so schien. Sie ist dazu da, den Gott Jesu zu verkünden. Und das ist es auch, was ich Ihnen in aller Schlichtheit, in aller Schwierigkeit anbieten möchte als das Besondere, das der Religionsunterricht anzubieten hat: die Rede vom Gott Jesu. Mit allen ihren Wirkungen.

Was aber hat die Rede vom Gott Jesu im Leben von Berufsschülern zu suchen? Dazu einige Thesen.

1.) Jedes Leben ist mit dem Phänomen des Heiligen konfrontiert. Nach Rudolf Otto ist das Heilige jene ungreifbare Macht, deren Gewalt die Einzelnen in Faszination und Schaudern erfasst.[10] Religion, das ist die Erfahrung des mysterium tremendum et fascinosum, das ist die Erfahrung einer geheimnisvollen Macht, die zugleich abschreckt und in den Bann zieht. Wann immer diese eigentümliche Kontrasterfahrung sich einstellt, hat man es mit etwas Heiligem zu tun. Das Heilige ist nicht in irgendeinem Jenseits, sondern ist eine Tatsache des Diesseits, es ist auch kein bloßes Gefühl, sondern eine Macht, die von Außen auf das Innerste des Subjekts zugreift.

[10] Vgl.: Otto 1979.

2.) Religiöse Kompetenz ist die Kompetenz für den Umgang mit dem Heiligen im eigenen Leben: Unterliegt man ihm blind, oder hat man ein kritisches Prinzip des Umgangs mit ihm? Versklavt das Heilige des eigenen Lebens, oder befreit es zu einem mutigen und erfahrungsreichen, zu einem befreiten und beziehungsintensiven, zu einem tapferen und abenteuerlichen Leben?

3.) Der Streit um Gott ist ganz unvermeidlich und er ist notwendig. Denn ohne diesen Streit ist der Mensch dem Gewaltpotential der Religion – und auch des Gottesbegriffs – hilflos ausgeliefert. Dieses Gewaltpotential ist enorm: Ein großer Teil der kulturellen Konflikte unserer Gegenwart wird mit und um das Gotteszeichen geführt.

Rainer Bucher

Wie viel religiöse Kompetenz brauchen BerufsschülerInnen?
Einige christliche Perspektiven zu einer heiklen Angelegenheit

5.0

4.) Zentrales Prinzip des Umgangs mit dem Heiligen ist für Christen der Gottesbegriff Jesu. Er ist Kritik aller versklavenden Götzen – auch jener der Religion selbst. Er eröffnet Horizonte des Lebens und der Welterfahrung, die man ohne ihn nicht hätte.

5.) Die Rede von Gott bedeutet daher zuerst: Kampf gegen die Götzen. In der Bibel wird der Kampf um die Kritik der Götzen allüberall geführt: Götzen sind Götter, die ins Unheil führen. Die Rede von Gott hat daher vor allem eine kritische Aufgabe: zu sagen, was Gott nicht ist und was nicht Gott ist. Sie ist Wissen von den falschen Göttern und gerade darin Glauben an den richtigen. Der Religionsunterricht kann von falschen Göttern im Namen des auch ihr zuletzt verborgenen richtigen befreien.[11]

6.) Jede Rede von Gott hat daher vor allem falsche Götter zu identifizieren. Es gibt hierfür Kriterien. So sind alle Götter, die im Munde ihrer Verkündiger Verfügungsmasse eigener Interessen sind, Götzen. Götzen sind jene Götter, die funktionieren, sei es im Interesse von staatlicher oder religiöser Herrschaft, sei es im Interesse eines „guten Lebens" des Einzelnen, seiner selbstzufriedenen Behaglichkeit, seiner befriedeten Existenz. Umgangen wird damit die grundsätzliche Unverfügbarkeit des Gottes Jesu für uns Menschen.

7.) Ein weiteres Kriterium der Entdeckung des Gottes Jesu ist gegeben in der von Jesus radikal vollzogenen Identifikation von Gottes- und Nächstenliebe. In den Worten des 1. Johannesbriefs: „Wenn jemand sagt: Ich liebe Gott, aber seinen Bruder hasst, ist er ein Lügner" (1 Joh 4,19). Alle Götter, die Menschen knechten und versklaven, die sie unfrei und krank machen, sind Götzen. Alle Götter, die nicht auf der Seite der Leidenden und Bedrängten stehen, sind Götzen. Ein zentrales Kriterium der realen Entdeckung Gottes in den vielen Phänomenen der Welt ist daher die Fähigkeit zu solidarischem Mitleiden.

IV. Die Chancen des Religionsunterrichts an berufsbildenden Schulen

Der Religionsunterricht an den berufsbildenden Schulen hätte in elementarer, aber wirksamer Form den Streit um Gott zu führen. Er hätte solch eine Götzenkritik und Horizonteröffnung einzuüben.

Der Religionsunterricht an Berufskollegs hat es mit Schülerinnen und Schülern zu tun, die nicht mehr im biographischen Moratorium der Schulzeit verweilen, sondern ihren Lebensschwerpunkt bereits in der Berufswelt haben. Er steht

[11] Vgl. hierzu und zum Folgenden: Höhn 1996, sowie: Sander 1999.

daher wie kaum ein anderer Religionsunterricht vor der Aufgabe, die säkulare, konkrete, lebensweltlich wirksame Funktion der in ihm verwendeten religiösen Begriffe zu erweisen. Denn das Christentum lehrt keine Doktrin, der man sich zu unterwerfen hat, sondern es macht das Angebot, die Welt aus der Perspektive Jesu und seines Gottes zu begreifen.

Der Religionsunterricht könnte, zusammen mit anderen allgemeinbildenden Fächern, die Verengung einer ökonomistischen Perspektive auf die Existenz des Schülers/der Schülerin aufbrechen. Diese werden ein Leben zu führen haben, das sicherlich zentral von ökonomischen Parametern bestimmt sein wird, aber eben nicht nur. Und darauf hat Schule vorzubereiten. Eine Schule, die ihre Schülerinnen und Schüler, ja die ganze Wirklichkeit und zuletzt auch sich selbst nur unter der Perspektive des Ökonomischen wahrnimmt, nimmt ihre Schülerinnen und Schüler, die Wirklichkeit und sich selbst nur sehr eingeschränkt wahr. Theologisch gesprochen: Sie setzt **eine** Wirklichkeitsperspektive, die ökonomische, für die Wirklichkeit überhaupt. Das ist human katastrophal, politisch verheerend und theologisch eine Sünde.

Die Gegenwart ist für eine multiperspektivische Sicht auf die menschliche Existenz nicht eben sensibel. Bestenfalls noch die Angst vor gesellschaftlicher Desintegration („Was hält die Gesellschaft zusammen") scheint noch so etwas wie nicht-ökonomische Fragestellungen öffentlich zu erlauben. Aber selbst dies ist zu wenig. Denn es geht nicht nur um den Zusammenhalt der Gesellschaft (so unverzichtbar der natürlich ist), sondern um den Reichtum des menschlichen Lebens, um seine Vielfalt und seine Kontraste, seine Pluralitäten und Abgründe. Schule, die davon nicht spricht, versündigt sich an ihren Schülern und Schülerinnen, denn sie nimmt die Vielfalt ihrer Existenz nicht wahr.

Auch die Berufsschule hat einen Bildungsauftrag. An ihn muss erinnert werden. Dieser Bildungsauftrag resultiert aus der Verantwortung vor den Schülern und Schülerinnen. Denn auch sie haben ein Leben im und neben dem Beruf zu führen, nicht anders als Akademiker. Wer hat das Recht, ihnen die Auseinandersetzung mit jenen Orientierungs- und Befreiungstraditionen zu verweigern, die helfen können, dieses Leben zu führen?

Und so ginge es im Religionsunterricht um die Entdeckung des Reichtums menschlicher Erfahrungen im Horizont jenes Gottes, dessen Reichtum unsere Hoffnungen grenzenlos übersteigt – notwendig ist daher die Kritik aller Stumpfheit, Trägheit, Erwartungslosigkeit des eigenen Lebens.

Rainer Bucher

Wie viel religiöse Kompetenz brauchen BerufsschülerInnen?
Einige christliche Perspektiven zu einer heiklen Angelegenheit

5.0

Es ginge um die Relativierung des eigenen Ichs vor dem Horizont jenes Gottes, der Himmel und Erde geschaffen hat – und daher um die Kritik aller Selbstüberschätzung im Umgang mit sich und anderen, Kritik aller Hoffnungen und Konzepte der Selbsterlösung.

Es ginge um die Befreiung aus fesselnden Abhängigkeiten im Horizont eines Gottes, der sein Volk aus dem Sklavenhaus geführt hat – und daher um die Kritik aller unterdrückenden Strukturen und Konstellationen: im Leben des Einzelnen wie im Handeln der Institutionen und Völker.

Es ginge um Anerkennung und Befreiung von der eigenen Schuld im Horizont eines Gottes, der uns und unser Leben in Jesus unendlich ernst genommen und erlöst hat – und daher um die Kritik eines für fremde und eigene Schuld unsensiblen und damit menschenverachtenden Lebens.

Der Gott Jesu lehrt die Welt mit anderen Augen sehen. Er kritisiert die Götzen und solidarisiert sich mit den Leidenden. Er ist in niemandes Händen verfügbar. Er ist kein Gott der Macht, sondern der Solidarität mit den Ohnmächtigen.[12] Er ist ein Gott, der an den zarten Elementen der Welt festhält (A. N. Whitehead), an der Erlösungsbedürftigkeit noch des Frömmsten und der Erlösungswürdigkeit noch des Mörders.

[12] Vgl.: Sander 2003.

Der Religionsunterricht „ist zwar institutionell durch die Kirche in der Gesellschaft verankert. Aber er nimmt in ihr eine gesellschaftliche und nicht nur eine kirchliche Aufgabe wahr. Er trägt nicht zur Verkirchlichung, sondern zur Humanisierung der Gesellschaft bei"[13]. Denn er unterbricht die Logik der Projekte und Planungen, der individuellen wie der kollektiven. Er ist ein widerständiges Fach, dessen Funktionalität gerade in seiner Nicht-Verrechenbarkeit für menschliche Zwecke besteht, auch übrigens für kirchlich-institutionelle Zwecke.

[13] Klinger 1999, S. 149.

Zuletzt also hat der Religionsunterricht die Perspektive Jesu auf Gott und Welt anzubieten. Das ist ein Wagnis und ein Versuch: nicht mehr, aber auch nicht weniger. Mit Gott stellen sich einige Fragen, die uns reicher, weiter, offener machen. Um diese offenen Horizonte darf man niemanden bringen.

[14] Luther, in: Ausgewählte Werke in 6 Bänden 1965, S. 22.

Luther hat in seinem Katechismus geschrieben: „Woran Du Dein Herz hängst und worauf Du Dich verlässt, das ist eigentlich Dein Gott."[14] Unser Gott ist schließlich das, wonach wir unser Leben ausrichten.

Das ist kein normativer, sondern ein beschreibender Satz. Das, wonach wir uns in unserem Handeln ausrichten, das ist der Gott, das ist das Heilige unseres Lebens.

Religiöse Kompetenz, christlich gesehen, ist die Fähigkeit, mit dem Phänomen des Heiligen in unserem Leben, mit dem Phänomen dessen, wonach wir uns richten, was uns fasziniert und erschreckt zugleich, so umzugehen, wie Jesus das getan hat. Anders gesagt: Religiöse Kompetenz, christlich gesehen, ist die Fähigkeit, die Welt aus der Perspektive Jesu zu sehen.

Wie viel religiöse Kompetenz also brauchen Berufsschüler und Berufsschülerinnen? Soviel wie wir alle. Denn wir alle sind mit dem Phänomen des Heiligen konfrontiert, mit dem, woran wir glauben und wonach wir leben. Mit dem, was geheime oder offene Macht über uns hat: Genau das ist unsere Religion. Sie ist etwas Gefährliches und etwas Großes. Und ein echtes Problem unseres Lebens.

Christen und Christinnen sind Menschen, die dieses Problem mit dem Gott Jesu lösen wollen. Die glauben, dass es mit ihm auf wirklich faszinierende Weise gelöst ist. Weil er Horizonte eröffnet, die man ohne ihn nicht hätte, und Dinge sehen lässt, die man ohne ihn nicht sähe.

Christen und Christinnen sind Menschen, die den ohnmächtigen Jesus am Kreuz als das Heilige ihres Lebens sehen, jenen Jesus, der die Sünder geliebt und die religiösen Machthaber kritisiert hat, der gelitten hat mit und für die Leidenden, der frei war von aller Gewalt, der religiösen ganz besonders, der aufmerksam war, wo andere nichts und niemanden sahen, der Religion kritisierte, wo sie lieblos wurde, und Sünder liebte, wo sie um Erlösung flehten.

Wer bräuchte so etwas nicht? Wer hätte es je? Wer hätte es geschafft, die Welt so zu sehen?

Und: Welche Schule dürfte sich der Aufgabe verweigern, wenigstens die Sehnsucht nach solch einem Blick auf die Welt zu wecken?

Rainer Bucher

Wie viel religiöse Kompetenz brauchen BerufsschülerInnen?
Einige christliche Perspektiven zu einer heiklen Angelegenheit

5.0

Literatur

BAECKER, D. (HG.), Kapitalismus als Religion, Berlin 2003.

BIESINGER, A. – HÄNLE, J. (HG.), Gott – mehr als Ethik. Der Streit um LER und Religionsunterricht, Freiburg/Br. – Basel - Wien 1997.

BIESINGER, A., Was gewinnt die Wirtschaft durch den Religionsunterricht an Berufsschulen, in: rabs 30 (1998), S. 35-38.

GEMEINSAME SYNODE DER BISTÜMER IN DER BUNDESREPUBLIK DEUTSCHLAND, Beschlüsse der Vollversammlung, Freiburg/Br. – Basel - Wien 1976[4].

HÖHN, H.-J., „Von und mit Gott leben wir ohne Gott". Negative Theologie als theologische Hermeneutik der Moderne, in: RISSE, G. (HG.), Wege der Theologie an der Schwelle zum dritten Jahrtausend, Paderborn 1996, S. 97-109.

KLINGER, E., Die Schule. Ein Ort der Hoffnung, in: FUCHS, O. – WIDL, M. (HG.), Ein Haus der Hoffnung (FS R. Zerfaß), Düsseldorf 1999, S. 144-150.

KNA-ID Nr. 18 vom 5. 5. 1999, S. 6.

KOMMISSARIAT DER KATHOLISCHEN (ERZ-)BISTÜMER IN NRW/ BÜRO DER EVANG. LANDESKIRCHEN DÜSSELDORF (HG.), Berufsausbildung in NRW: Kompetenzbildung mit Religionsunterricht. Gemeinsame Erklärung der (Erz-)Bistümer und der evangelischen Landeskirchen in NRW, des DGB Landesbezirks NRW, der Landesvereinigung der Arbeitgeber verbände NRW, der Vereinigung der Industrie- und Handelskammern in NRW, des Westdeutschen Handwerkskammer tags und des nordrhein-westfälischen Handwerktages, Düsseldorf 1998.

LUTHER, M., Der große Katechismus. Geistliche Lieder, mit einer Einleitung von Landesbischof D. Hermann Dietzfelbinger, in: Ausgewählte Werke in 6 Bänden, München 1965.

OTTO, R., Das Heilige. Über das Irrationale in der Idee des Göttlichen und sein Verhältnis zum Rationalen, München 1979.

SCHAVAN, A., Wozu brauchen wir noch einen Religionsunterricht, in: StZ 215 (1997) 3-10.

SANDER, H.-J., Symptom „Gotteskrise". Die Zeitsignatur der Theologie, in: ZKTh 121 (1999), S. 45-61.

SANDER, H.-J., Nicht verschweigen. Die zerbrechliche Präsenz Gottes, Würzburg 2003.

THOMAS, G., Medien – Ritual – Religion. Zur religiösen Funktion des Fernsehens, Frankfurt/M. 1998.

Ferdinand Herget
Zusammenfassung des Symposions und Ausblick

Der Tagungsort des 12. Berufsschulsymposions „Kompetente Schüler – kompetente Lehrer: Kompetenzen und Bildungsstandards im Religionsunterricht" (09. - 11. März 2006) hätte glücklicher nicht gewählt werden können. Über 85 Teilnehmerinnen und Teilnehmer trafen sich im Augustinerkloster zu Erfurt, jenem Kloster, in das Martin Luther 1505 eintrat und wo er bis 1511 lebte. Es ist jener Ort, in der Luthers zentrale Lebensfrage nach dem gnädigen Gott heranreifte, die schließlich das Abendland so bewegen sollte. Dieser genius loci ließ die Tagung über weite Strecken hinweg nicht unberührt, denn es gehört zu einem der wesentlichen Ergebnisse, auf offene Fragen hingewiesen zu haben. Prägend erwies sich auch die Diaspora-Situation, in der die katholische und die evangelische Kirche dort leben. Nur 8% der thüringischen Bevölkerung gehören der katholischen Kirche und etwa 26% der evangelischen Landeskirche an. Christen sind in einer deutlichen Minderheitenposition.

Thematisch spiegelte das Berufsschulsymposion zentrale Fragen der aktuellen (religions-)pädagogischen und lernpsychologischen Diskussion über Kompetenzen im Allgemeinen und im Religionsunterricht im Besonderen wider. Die Tagung hat damit auch Positionen offen gelegt, die im Rahmen der Kompetenzdiskussion für den RU an berufsbildenden Schulen unhintergehbar sind. Anlass der Kompetenzdiskussion waren vor allem die öffentlichkeitswirksamen Ergebnisse der PISA-Studie, die erstens zeigten, dass das deutsche Bildungssystem – wenigstens im getesteten Bereich – international keinen Spitzenrang einnimmt und zweitens belegten, dass das Versprechen der Chancengleichheit durch Bildung nicht erfüllt worden ist.

Der deutsche „Kompetenz-Papst" Professor John Erpenbeck, Berlin, der sich seit vielen Jahren u.a. empirisch mit beruflicher Weiterbildung befasst, hat in seinem Vortrag „Wissenswahn und Herzensbildung – Kompetenzen und ihre Wertekerne" verdeutlicht, dass die Diskussion um Kompetenzen den Wertbegriff einschließen muss. Erpenbeck definiert Kompetenzen als „Dispositionen selbstorganisierten Handelns". Er hebt damit auf die Fähigkeit und Bereitschaft des Lernenden ab, sich Inhalte einsichtig anzueignen. Dabei genügt

es aber nicht, Kompetenzen auf Fachwissen zu reduzieren. Um Entscheidungs-
fähigkeit in einer hochkomplexen Wirklichkeit zu sichern, müssen Werte hinzu-
kommen. Denn hochkomplexe Situationen sind offen und vielfältig. Sie können
prinzipiell nicht durch Wissen vollständig eingeholt werden. Weil der Mensch
aber ständig handeln soll, muss er seine Handlungen an Werten orientieren:
Werte schließen die Lücke zwischen Wissen und Handeln. Werte liefern dem
Handelnden einen Orientierungsrahmen, innerhalb dessen er entscheiden
kann. Die Werte liefern zwar keine Sachinformationen, aber z.B. ethische Normen oder Grundgewissheiten, die Entscheidungen ermöglichen und sichern.
Erpenbeck hob dabei ausdrücklich hervor, dass Werte interiorisiert werden müssten. Sollen Schülerinnen und Schüler Werte erwerben, genügt bloßes Auswendiglernen und Eindrillen nicht. Werte können nur dann handlungsleitend werden,
wenn die Jugendlichen innerlich davon betroffen und beteiligt sind.

Michaela Brohm, Münster, Expertin für Schüler- und Lehrerkompetenzen, betonte in ihrem Referat „Wer wissen sät, wird Kompetenz ernten: Bildungsstandards
– Wissen – Kompetenzerwerb" die zentrale Bedeutung des Wissens für den
Erwerb von Kompetenzen. Dabei stützte sie sich auf ihre empirischen Befunde,
die belegen, dass Kompetenzen durch den Aufbau von Wissensstrukturen
erworben werden. Die Vorordnung von Werten bei der Kompetenzentwicklung
lehnte sie dagegen ab. Damit unterschied sie sich deutlich von der Position
Erpenbecks. Nachdrücklich hob sie hervor, dass neues Wissen erfolgreich nur
im Anschluss an bestehende Sinnstrukturen erworben wird. Sie kritisierte auch
die progressiven Theorien der amerikanischen Pädagogik, der sie vorwarf, den
Aufbau solider Wissensbasen verhindert zu haben. Das ist, so Brohm, ein Grund
für die momentane Bildungsmisere. Gerade schwächere Schüler könnten nur
auf der Grundlage einer soliden Wissensbasis neues Wissen erwerben. Entsprechend plädierte sie für harte Kriterien bei den Bildungsstandards, die zu
erwerbendes Wissen eindeutig festlegen und dessen Vermittlung nachprüfbar
machen.

Angela Paul-Kohlhoff, Professorin für Berufspädagogik an der TU Darmstadt,
richtete den Blick zuerst auf das Problem der Chancengleichheit: Die Qualität
von Bildung bemisst sich daran, ob ihr die Integration von Benachteiligten gelingt. Weil in beruflichen Schulen höchst unterschiedliche Schüler versammelt
sind, darf sie sich nicht auf bloße Wissensvermittlung beschränken. Vielmehr
sollen berufliche Schulen im Sinne Hartmut v. Hentigs als Lern-, Erfahrungs- und
Lebensraum gestaltet werden. Dort sollen Schüler neugierig auf neue Erfahrungen gemacht werden, so dass sie ermutigt werden, sich auch selbständig
Wissen und Können anzueignen. Das fordert von Lehrkräften eine neue Arbeits-

weise: Lehrer sollen nicht mehr als Indoktrinations- und Instruktionspädagogen, sondern als Partizipationspädagogen handeln, die mit Schülern gemeinsam entdecken und lernen. Für Paul-Kohlhoff verlangt selbständige Entdeckungsarbeit nicht nur eine Interiorisierung von Werten, sondern – anders als Erpenbeck – auch eine Distanzierung von den Werten anderer.

Der Dozent für christliche Sozialwissenschaft aus Münster, Matthias Möhring-Hesse diagnostizierte in seinem Beitrag „Reli in PISA? Kompetenzen und Bildungsstandards im Religionsunterricht", den sich unter dem Deckmantel der Autonomisierung verbergenden verschärften Zugriff des Staates auf Schulen. Ziel von Schule wird immer mehr die Erzeugung von employability (Beschäftigungsfähigkeit). Das Instrument staatlicher Zugriffskontrolle ist das Benchmarking, um den Output einer Schule zu messen und mit anderen zu vergleichen. Dem entzieht sich der Religionsunterricht qua Fachlogik. Denn religiöses Wissen ist nicht Wissen im Sinne zur Herstellung von Beschäftigungsfähigkeit, es ist vielmehr Wissen als hermeneutische Kompetenz. Dadurch sollen Schüler selbst verstehen, aber auch Traditionen erschließen und verstehen können. Der Religionsunterricht wird damit zum Bollwerk, der staatlichen Zugriff zumindest teilweise verhindern kann. Mit der missverständlichen Formulierung „Kirche in der Schule" wollte Möhring-Hesse verdeutlichen, dass der Staat einen Freiraum in der Schule zulässt, den er nicht füllen kann und will. Daher sollte man den Religionsunterricht, so seine Forderung, nicht nach PISA holen.

Der Fundamentaltheologe Rainer Bucher, Graz, fragte „Wieviel religiöse Kompetenz brauchen BerufsschülerInnen? Einige christliche Perspektiven zu einer heiklen Angelegenheit". Er zielte auf eine dezidiert innertheologische Klärung des religiösen Kompetenzbegriffs. Danach befähigt religiöse Kompetenz zum Umgang mit dem Heiligen als einer Macht, die auf das Innerste zugreift (R. Otto). Die spezifisch christliche Perspektive religiöser Kompetenz ist die Perspektive Jesu auf die Welt. Berufsschülerinnen und Berufsschüler haben den gleichen Anspruch wie jeder andere darauf, ihre religiösen Kompetenzen zu entwickeln und zu entfalten.

Ein kritisch-würdigender Rückblick auf die Tagung zeigt, dass die Auseinandersetzung mit Kompetenzen und Bildungsstandards wichtige positive Ergebnisse erbracht hat:
- Das Problem der beruflichen Kompetenzen steht im engsten Zusammenhang mit der Frage nach der Gerechtigkeit des Bildungssystems. Kompetenzen dürfen nicht selektieren, sondern müssen integrieren, indem sie Berufschancen eröffnen.

- Der Kompetenzbegriff stößt eine neue Diskussion um den Unterricht und seine Methoden an – der (Religions)Unterricht, seine Inhalte und Methoden sind zukünftig konsequent aus der Perspektive des lernenden Menschen zu erforschen.
Die Lehrerrolle im (Religions)Unterricht wandelt sich zum Begleiter der Schülerinnen und Schüler.
- Damit verknüpft ist die Überwindung des Garbage-Modells vom Schüler: Er ist nicht mehr Objekt des Unterrichts, den man mit Inhalten zuschüttet, sondern wird nun als aktiver Gestalter gesehen.

Zugleich hat die Tagung gezeigt, dass wesentliche Fragen noch offen diskutiert werden müssen:
- Die Rede von der Wissens**vermittlung** in der pädagogischen Psychologie bleibt hinter dem Diskussionsstand der Religionspädagogik zurück. Die Religionspädagogik spricht schon seit längerem von der **Aneignung** der Inhalte. Sie rückt damit den Schüler an den ihm gebührenden Platz, den Mittelpunkt des Unterrichtsprozesses. Hier sind Pädagogik und Psychologie gefordert, konsequenter als bisher den Schüler als Zentrum des Unterrichts anzuerkennen.
- Die Frage nach dem Prozess der Interiorisation der Werte blieb unklar. Wie vollzieht er sich, was geschieht, wenn Werte interiorisiert werden?
- Eine in der Diskussion gestellte Frage war: „Wie kriegen wir es hin, dass Schüler motiviert sind, etwas wissen zu wollen?" Die Antwort aus der wissenschaftlichen Diskussion lautete: „Das wissen wir nicht!" Das kommt einem Offenbarungseid gleich. Offenbar vermag die wissenschaftliche Psychologie noch keine Frage auf die Antwort zu geben, wie gelernt wird. Eine derart offene Auskunft, die nichts verkleistert und verstellt, ist nicht das Ende der Diskussion, sondern eröffnet neue Wege der Forschung.

Dass diese Frage hier von Religionspädagoginnen und Religionspädagogen gestellt wird, ist kein Zufall: Denn im Religionsunterricht kommt der Mensch in den Fokus, wie in keinem anderen Fach. Diese letzte Ernsthaftigkeit und Nüchternheit erwächst aus der Konfrontation mit dem Absoluten, mit Gott. Sie duldet keine Unklarheiten in Bezug darauf, was der Mensch ist oder tut. Wenn religiöse Kompetenz die Kritik an versklavenden Götzen ist, dann ist es auch der Kampf gegen die fehlende Antwort auf die Frage: „Wie lernt ein Schüler?" Ein wesentlicher Impuls dieser Tagung lautet dann: Erforscht die Lernprozesse, die zu Kompetenzen führen!

Teilnehmerliste

1. **Abels, Hermann,** 26835 Hesel, Dohlenweg 4
   AEED-Vorstand, Berufsschullehrer

2. **Boge, Dieter,** 40476 Düsseldorf, Hans-Böckler-Str. 7
   Landeskirchenrat, Vorbereitung

3. **Brohm, Dr. Michaela,** 48143 Münster, Georgskommende 33
   Tagungsreferentin

4. **Brunner, Dr. Ilse,** 81677 München, Beblostr. 28
   Schulentwicklungsberaterin, Arbeitskreisleiterin

5. **Bucher, Prof. Dr. Rainer,** 53119 Bonn, Löwenbergweg 4
   Professor am Institut Pastoraltheologie Uni Graz, Tagungsreferent

6. **Deipenwisch-Ruscher, Hedwig,** 01079 Dresden, Postfach 100910
   Regierungsdirektorin

7. **Denfeld, Beate,** 61350 Bad Homburg, Saalburgstr. 121
   Fachvorsteherin Religion

8. **Eden, Henning,** 26133 Oldenburg, Lärchenring 46a
   Berufsschulpfarrer, Delegierter der Arbeitsstelle Religionspäd., Oldenburg

9. **Elster, Jutta,** 99423 Weimar, Otto-Braun-Str. 74
   Fachberaterin für ev. RU/BS, Arbeitskreisleiterin

10. **Erpenbeck, Prof. Dr. John,** 13156 Berlin-Pankow, Fritz Erpenbeck Ring 10
    Universität Berlin, Tagungsreferent

11. **Ertelt, Prof. Dr. Bernd-Joachim,** 68163 Mannheim, Seckenheimer Landstr. 16
    FHS der Bundesagentur für Arbeit, Arbeitskreisleiter

12. **Fahnroth, Dr. Martin,** 99006 Erfurt, Postfach 296
    Schulamtsleiter Bischöfl. Generalvikariat Erfurt

13. **Fahrnbach, Joachim,** 67136 Fussgönheim, Am Schwabenbach 3
    Fortbildungsleiter für kath. RU an BBS, in der Diözese Speyer

14. **Feilhammer, Martin,** 2126 Ladendorf, Derschstr. 8
    Religionslehrer BS, Fachinspektor

15. **Fischer, Prof. Mag. Meinrad,** 6020 Innsbruck, Riedgasse 11
    Direktor RPI Innsbruck, Vorbereitung

16. **Fuchs, Johannes,** 94336 Hunderdorf, Steinburg 20
    Dipl.Rel.Päd. an BS/WS

17. **Gather, Johannes,** 52066 Aachen, Eupener Str. 138
    Dozent am Katechetischen Institut, Bistum Aachen

18. **Gieferl, Mag. Andreas,** 8344 Bad Gleichenberg, Bairisch Kölldorf 237
    Fachinspektor für den kath. RU, Berufsschulreligionslehrer

19. **Gliebert, Erich,** 72101 Rottenburg, Postfach 9
    Berufsschulreferent Bistum Rottenburg/Stuttgart

20. **Greif, Andreas,** 36037 Fulda, Paulustor 4
    Referent Berufliche Schulen Bistum Fulda

21. **Heinrich, Gerald,** 50737 Köln, Ginsterpfad 6
    Bundesvorstand VKR

22. **Hensel, Felix,** 79104 Freiburg, Habsburger Str. 107
    Referent für Berufliche Schule Erzbistum Freiburg

23. **Herget, Dr. Ferdinand,** 80333 München, Schrammerstr. 3
    Wissenschaftl. Referent, Vorbereitung

24. **Hoffmann, Sabine,** 56626 Andernach, Antel 67
    Religionslehrerin

25. **Holzapfel-Knoll, Maria,** 81667 München, Preysingstraße 97
    Referentin für Religionspädagogik im DKV, Tagungsleitung

7.0

26. Kaiser, Heinrich, 52062 Aachen, Klosterplatz 7
Oberschulrat i.K. Bistum Aachen

27. Kawalle, Ulrich, 31102 Hildesheim, Domhof 18-21
Referent (BSS Gymnasien) BGV Hildesheim, Arbeitskreisleiter

28. Kellermann, Gaby, 58453 Witten, In der Mark 52
Fachleiterin kath. RU Studienseminare

29. Klonner, Johann, 3382, Kirchengasse 6
Religionslehrer

30. Koch, Josef, 54290 Trier, Hinter dem Dom
Abt. Leiter Religionspädagogik BSS u. RS, Vorbereitung

31. Kohl, Mag. Peter, 6067 Absam, Villandererweg 9
Berufsschullehrer

32. Kraus, Hans Heinrich, 56727 Mayen, Kehringer Str. 80
Vorstand VKR Rheinland-Pfalz, StD Religion an BBS

33. Kupfernagel, Matthias, 21031 Grandkoppelstieg 5a
Lehrerfortbildung, Beauftragter d. Schulbehörde f. RU an BS

34. Landauer, Monika, 6080 Vill, Lilly-von-Sauter weg 2
Dipl. Päd., Religionslehrerin

35. Lang, Maria, 6934 Sulzberg, Thal 141
Fachinspektorin f. kath. Religion APS/BS, Religionslehrerin

36. Lang, Dr. Harald, 67454 Haßloch, Anilinstr. 73c
StDir. A.D., Arbeitskreisleiter

37. Lenz, Alfred, 66482 Zweibrücken, Austr. 16
StD i.R., Fachberater

38. Licht, Manfred, 51061 Köln, Im Wiesengrund 20
Pfarrer und Bezirksbeauftrager beim Ev. Kirchenverband Köln u. Region

39. Liedl, Mag. Rudolf, 4100 Ottensheim, Höflein 27
Fachinspektor für kath. Religion an BS

40. Miedza, Dieter, 48149 Münster, Kardinal-von-Galen-Ring 55
Referent für BK im Bistum Münster

41. Möhring-Hesse, Dr. Matthias, 60596 Frankfurt am Main, Schwanthalerstr. 70
Universität Münster, Tagungsreferent

42. Moritz, Lia, 56076 Koblenz, Beckenkampstraße 16a
VKR-Vorstandsmitglied, StD an BBS

43. Müller, Dr. Manfred, 90489 Nürnberg, Mathildenstr. 21
Schulleiter

44. Müller, Gerhard, 89264 Weißenhorn, Zunftstr. 15
Religionslehrer i.K., Vorsitzender Kath. Erwachsenbildung

45. Münch, Dörte, 99084 Erfurt, Domplatz 34
Wiss. Mitarbeiterin Religionspädagogik, Lehrerin berufl. Gymnasium

46. Nagel, Ferdinand, 6700 Bludenz, Wüstenrotweg 2
Religionslehrer

47. Neundorfer, Andreas, 96050 Bamberg, Ohmstraße 12-16
Seminarleiter Religion, Berufsschullehrer

48. Oschmann, Thomas, 97762 Hammelburg, Bachweinbergweg 13
Berufsschullehrer, Leiter FG Sport im VLB, Arbeitskreisleiter

49. Pallasdies, Edda, 42799 Leichlingen, An der Wupper 1
Religionslehrerin und Pfarrerin, Berufskolleg Köln

50. Paul-Kohlhoff, Prof. Dr. Angela, 64283 Darmstadt, Alexanderstr. 6
TU Darmstadt, Tagungsreferentin

51. Persie, Dr. Michael, 97320 Buchbrunn, Bahnhofstr. 41b
Leiter Fachruppe Religion im VLB, Arbeitskreisleiter

7.0

52. **Pethke, Siegmund,** 10965 Berlin, Fidicinstr. 33
    DKV-Diözesanvorsitzender im Erzbistum Berlin

53. **Plank, Anita,** 8130 Frohnleiten, Pfannberg 25
    Berufsschulreligionslehrerin

54. **Rahlwes, Björn Uwe,** 61476 Kronberg, Im Brühl 30
    Dozent am RPZ der Ev. Kirche, in Hessen u. Nassau (EKHN)

55. **Rauch, Manfred,** 8345 Straden, Kronnersdorf 69
    ROL Berufsschulreligionslehrer

56. **Reiß, Anna,** 8010 Graz, Dr. Robert Graf-Straße 28/8
    Berufsschulreligionslehrerin

57. **Reutter, Werner,** 91781 Weißenburg, An der Schnürleinsmühle 13
    Religionslehrer, Geschäftsführer VKRG

58. **Rothhaupt, Dr. Josef G.F.,** 80469 München, Reifenstuelstr. 1
    Referent, Berufsschullehrer

59. **Schmid, Dr. Hans,** 91074 Herzogenaurach, Am Gründla 9
    DKV-Bundesvorstand

60. **Schmidt, Dr. Joachim,** 72076 Tübingen, Liebermeisterstr. 12
    Stellv. Leiter Institut für berufsorientierte Religionspädagogik,
    Arbeitskreisleiter, Vorbereitung

61. **Schneider, Franz,** 86163 Augsburg, Reintalstr. 7
    Vorbereitung

62. **Schöber, Marion,** 24113 Kiel, Krusenrotter Weg 37
    DKV Vorstandsvorsitzende, Schulamtsleiterin Erzb. Hamburg

63. **Schulte, Dr. Christian,** 49074 Osnabrück, Domhof 2
    Referent für Religionspädagogik BGV, Arbeitskreisleiter, Vorbereitung

64. **Schulte, Marlies,** 81667 München, Preysingstr. 97
    Tagungsbüro

65. **Tengg, Mag. Phillip,** 6020 Innsbruck, Riedgasse 9
    GF Kath. Tiroler Lehrerverein (KTLV), Arbeitskreisleiter

66. **Theiler, Karin,** 7210 Mattersburg, Robert-Stolz-Gasse 2
    Religionslehrerin

67. **Trilling, H. Christoph,** 58706 Menden, Landwehr 26
    Chefredakteur rabs

68. **Trunk, Vitus,** 96049 Bamberg, Vorderer Bach 8
    Fachmitarbeiter für Berufliche Schulen HA Schule u. RU

69. **Van Laak, Werner,** 81679 München, Gebelestr. 26
    Schulleiter

70. **Wanke, Dr. Joachim,** 99084 Erfurt, Hermannsplatz 6
    Bischof der Diözese Erfurt

71. **Wannisch, Heinrich,** 84036 Landshut, Wildbachstr. 11
    Vorstand VKRG e.V., Fachbetreuer, Religionslehrer i.K. an BS

72. **Wannisch, Romy,** 84036 Landshut, Wildbachstr. 11
    Vorstand VKRG e.V., Fachbetreuer, Religionslehrerin i.K. an BS

73. **Wenske, Cornelia,** 99425 Weimar, Rainer-Maria-Rilke-Str. 42
    Fachberaterin f. kath. RU/BS, Arbeitskreisleiterin

74. **Winkler, Ludwig,** 3512 Oberbergern, Nr. 60
    ROL Religionslehrer

75. **Ziller, Dr. Klaus,** 09817 Eisenach, Dr.-M.-Mitzenheim-Str. 2a
    Kirchenamt der EKM, Referatsleiter ev. RU

76. **Zimmermann, Dorothee,** 99192 Neudietendorf, Zinzendorfplatz 3
    Pfarrerin, Leiterin BRU im PTI

77. **Zipperle, Helmuth,** 6020 Innsbruck, Riedgasse 11
    Fachinspektor f.kath. RU an BS, SoSch, Polytechnikschulen, Ständ. Diakon